CRUCIAL CONVERSATIONS

关键对话

昭军　编著

应急管理出版社
·北　京·

图书在版编目（CIP）数据

关键对话／昭军编著．－－北京：应急管理出版社，
2019（2023.4 重印）

ISBN 978－7－5020－7734－1

Ⅰ．①关…　Ⅱ.①昭…　Ⅲ.①心理交往—语言艺术—
通俗读物　Ⅳ.①C912.13－49

中国版本图书馆 CIP 数据核字（2019）第 246162 号

关键对话

编　　著	昭　军	
责任编辑	高红勤	
封面设计	尚世视觉	

出版发行　应急管理出版社（北京市朝阳区芍药居 35 号　100029）
电　　话　010－84657898（总编室）　010－84657880（读者服务部）
网　　址　www.cciph.com.cn
印　　刷　德富泰（唐山）印务有限公司
经　　销　全国新华书店

开　　本　787mm×1092mm$^1/_{32}$　印张　6　字数　150 千字
版　　次　2020 年 1 月第 1 版　2023 年 4 月第 3 次印刷
社内编号　20192861　　　　定价　30.00 元

PREFACE
前 言

　　当今社会，竞争越来越激烈，和各式各样、各种性格的人打交道成为人们走向社会和职场的必经之路，要做得好，你必须学会更多必备的本领和知识。

　　社会交往活动最重要的工具是语言，只有很好地运用语言，社交活动才能顺利地进行。好的口才，就是在各种口语交际实践活动中，学会运用准确、得体、恰当、有力、生动、巧妙、有效的语言，达到特定的交际目的，取得圆满的交际效果，这已经是现代人所必须具备的能力。美国成功学大师戴尔·卡耐基说："当今社会，一个人的成功，仅仅有15％取决于技术知识，而其余85％则取决于人际关系及有效说话等软本领。"所以说，讲对关键的一句话，你的努力将获得10倍的回报。

　　优秀的口才和全面的礼仪知识不是与生俱来的，它依赖于我们每个人后天的刻苦学习和锻炼。本书从多个方面解读如何化解复杂的、难以掌控的局面，实现完美沟通。帮助读者在关键时刻掌握处理高风险对话的技巧，包括认清自己真正想要达到的目标，留意和确保对话的安全氛围，不说多余的话，瞬间抓住机会，从而全面提升说话水平，成为沟通高手。

运用语言魅力，展示自己的优势

第一节　展示自己的优势

口才好、能说会道的人往往能在与人交流中更好地展示自己，无形中抬高自己的身价，给别人留下更深刻的印象。

"味甘而补，味苦而清，药辛发散解表，药酸宁神镇静。任何事物都有它不同的特点，也有它不同的作用。"听到这样的话语，你会有什么样的感觉呢？可以说，在谈话中，适度、自然地引用一些具有文化色彩的词汇，能起到改善形象的作用。

在日常交际中，关键在于感觉。对方感觉好，就会看好你。

某知名英国作家的儿子只有 16 岁，可他在随父亲与丘吉尔见面时，竟当了一次首相的"语文老师"。他回忆了 1949 年在"玛丽亚王后"客轮上难忘的一幕：

那天，我跨进丘吉尔的舱房时还有点迷糊。我如释重负地发觉丘吉尔不在房内。客人很多，丘吉尔夫人开始替人介绍，这时屋里一下肃静下来。我转身一看，丘吉尔本人竟站在屋里，抽着一支硕大无比的雪茄烟。他穿着我从未见过的奇怪服装，是条灰色的连衣裤，用类似帆布的料子做成，前面装了条直通到底的拉链。后来我才知道，这是他在大战时的战地服装。

他从人群中走过，边走边同人握手致意。接着他挽住我父亲的胳膊，大步走到屋子的另一头。就在这时，丘吉尔恰巧朝我的方向瞥了一眼。他莞尔一笑，招手示意我过去。我走到他们跟前

时，父亲迅速对我使了个眼色，我不会误解其含义：你必须保持
沉默！

丘吉尔谈起他在密苏里州的富尔顿大学所做的演讲，他在这次
演讲中首次使用了"铁幕"一词。我父亲说："你的预言又一次实现
了。英国和西方之间存在着可怕的分歧，你准备怎么做呢？"

丘吉尔没有立即回答。他看了我一眼，仿佛在看我是否听得懂
这番话。接着他扫视了一下屋里的其他人。"哦，现在，"他提高声
音，字斟句酌，一字一顿地吐出下面的话来，仿佛在议会中发表演
说似的，"现在，你是在要求我踏上把陈辞滥调和信口开河分隔开的
那道鸿沟上的独木小桥。"

人们哄堂大笑。自从进屋后，我还是第一次感到自在。我感到
如此自在，竟不觉开口说话了。我问道："丘吉尔先生，如果俄国人
研制成原子弹，你认为他们会对使用它犹豫吗？"

我父亲眨了眨眼睛，猛地一晃脑袋，盯着我看。我立刻后悔自
己不该多话。可是丘吉尔似乎挺高兴。他说："嗯，那得视情形而
定，不是吗？东方可能会有3颗原子弹，西方则可能有100颗。但
是，假如反过来呢？"我父亲刚要开口，可丘吉尔继续只顾自己往下
说。"你明白——"他照旧字斟句酌，一字一顿，声音逐渐增大，"你
明白——就原子弹而言（屋里又安静下来）这全是一个——"

他似乎想不出精确的词来圆满阐述他的想法。我当时没看出他
仅是在等待屋里所有的人都凝神静听，却只觉得丘吉尔忽然苦恼不
堪地没有能力表达自己的意思，而我父亲不知为何并不打算去救他
出困境。

"先生，"我说，声音似乎嘶哑了，"你的意思是不是说，这全是
一个均衡的问题？"

　　我父亲睁大了眼，惊慌地凑上前来，可是丘吉尔举起一只手，拿那支令人敬畏的雪茄指着我说："就是这词儿，千真万确！'均衡'是个很好的词，可是无论在战争时期还是和平时期，这个词经常被人遗忘。年轻人，你每天早上一醒来就该说这个词，每次站在镜子前刮胡子时，就该对自己说这个词。"

　　听了这番话，我的头都发晕了。我看出父亲不再生我的气了，不觉释然，于是得意扬扬地默然静听他们继续交谈……

　　这个孩子并非什么博学之辈，关键是他敢于说话。这只是个风险不大的问句而已，却非常抢眼，给全场留下了深刻印象。

第二节　让别人折服于你的语言魅力

　　顺着人心说话，效果可是事半功倍。脾气再大、城府再深、主观性再强的人也吃不消这一招。顺着人心说话能让你凭借三寸不烂之舌就征服别人，让别人拜倒在你的语言魅力下。

　　一般来说，一个人的性格特点往往通过自身的言谈举止、表情等流露出来。快言快语、举止简洁、眼神锐利、情绪易冲动的人，往往是性格急躁的人；直率热情、活泼好动、反应迅速、喜欢交往的人，往往是性格开朗的人；表情细腻、眼神稳定、说话慢条斯理、举止注意分寸的人，往往是性格稳重的人；安静抑郁、不苟言笑、喜欢独处、不善交往的人，往往是性格孤僻的人；口出狂言、自吹自擂、好为人师的人，往往是骄傲自负的人；懂礼貌、讲信义、实事求是、心平气和、尊重别人的人，往往是谦虚谨慎的人。当我们面对不同性格的谈话对象时,一定要具体分析,区别对待。当你对待傲气十足的人,如果他把面子看得很重而讲究分寸,不妨从正面恭维入手,让他飘飘然。

不过,这并不是要你做一个没有"自我"的人,"顺着人心"只是方法,不是目的,你如果能成熟地运用这个方法,别人就会在不知不觉之中受到你的影响,甚至接受你的意志。那么,如何顺应人心呢?

1. 倾听

很多人都有发表欲,如果他在社会上已有一些成就,更有不可抑止的发表欲,当他滔滔不绝的时候,你就做一个倾听者。一则,你的倾听可以满足对方的发表欲,对你就不会有恶感;二则,你可在倾听中了解他的个性和观念。然后,你要顺着他的谈话,发出"赞同声",在恰当的时机提出一些问题让对方说明。如果你这样做了,你便能赢得对方的好感,甚至使对方更加相信你。

2. 不要辩论

如果对方说的话你不能同意,也不要提出辩驳。即使你们是好朋友,如果你和他的交谈另有目的,也不宜和他辩论,因为有些事情并不能辩得明白,而且很可能越辩越气,最后不欢而散;如果你辩倒对方,那更有可能造成关系的破裂!

3. 称赞

喜欢赞美是人类的天性,其实赞美也是一种爱抚。赞美什么呢?你可赞美他的观念、见解、才能、家庭……反正对方有可能引以为荣的事情都可以赞美,这种做法所费不多,效果却非常惊人。

诸葛亮对关羽，便采取此法。马超归顺刘备之后，关羽提出要与马超比武。为了避免二虎相斗必有一伤，诸葛亮给关羽写了一封信：我听说关将军想与马超比武。依我看来，马超虽然英勇过人，但只能与翼德并驱争先，怎么能与你美髯公相提并论呢？再说将军担当镇守荆州的重任，如果你离开了造成损失，罪过有多大啊！关羽看了信以后，便打消了入川比武的念头。

4. 引导

引导是最重要的方法，如果你一番"顺应人心"的功夫另有目的，尤其需要"引导"这一招。也就是说，你要在对方已经满足时，再把你的意思显现出来，但显现的方式还是要顺着人心，不要让对方感到不快，例如你应该说"我很同意你的观点，不过……"或"你的立场我了解，可是……"，先站在对方的立场，再提出自己的观点，把对方的意志引到你希望的地方去。

这样的方法可以用在平时与人相处，可以用在说服别人，也可以用在带领下属，效果可说是事半功倍。

第三节　巧用妙语，打好圆场

巧妙地说好贴金话，其实就是打好圆场。想要事事有个圆满的收场，就得锻炼自己的口才，提高自己的"语商"。

不管做什么事情，我们都渴望能有个圆满的收场，这就需要我们平时持之以恒多多读书，多多磨炼，头脑充实，机智敏捷，反应灵活，与此同时，还要注意培养敏捷的表达能力，以及逻辑与语言修辞素养。

有一个销售员在一家百货商店前推销他那些"折不断的"梳子。为了消除围观者的怀疑,他捏着一把梳子的两端使它弯曲起来。突然间,那把梳子"啪"的一下断了,围观者顿时目瞪口呆。这个时候,只见他把它们高高地举了起来,对围观者的人群说:"女士们,先生们,这就是梳子内部的样子。"

如果一个人平时总是思考如何应付复杂局面和临场突发情况,临战自然不会仓促和不知所措。

有一个卖瓦盆的人,为了能够早点把瓦盆卖出去,便当着顾客的面用旱烟锅子敲了起来。他边敲边喊:"听这瓦盆啥响声啊!"可令他意想不到的是瓦盆被敲破了。旁边看热闹的人忍不住笑出了声。他忙指着瓦片对身边的人说:"你们看这瓦茬子,棱是棱,角是角,烧得多结实呀。"

参加面试时,主考官所问的问题并不一定有什么标准答案,只要能"自圆其说"便是好的答案。

有一个年轻的小伙子来面试,主考官问了一个问题:"你为什么要离开现在的企业?"他回答:"在那家企业没有前途。""那么怎么样才算有前途?"主考官接着问。"企业蒸蒸日上,个人才能得到不断提高和发展。""你们公司的产品在市场上的占有率名列前茅,员工收入也很高,这是有口皆碑的,怎么能说在这个企业没有前途呢？"这位求职者被问倒了，为什么会出现这种情况呢？因为他不清楚随着问题的不断深入，他先前的论点将无法成立，自然就无法自圆其说了。

我们常常会遇到这样的提问"你最大的优点是什么"和"你最大的缺点是什么"。这两个问题看起来简单，可是要回答好却不是一件容易的事情，因为接着主考官就会问："你的这些优点对我们的工作有什么帮助？你的这些缺点会对我们的工作带来什么影响？"然后层层深入，"乘胜追击"，求职者很容易陷入不能"自圆其说"的尴尬境地。几乎所有的面试问题都会被主考官深化和挖掘，所以在回答问题之前一定要先考虑周到，然后再给予回答，这样才不致陷入被动的局面之中。

在日常生活中，我们不需要过于自夸，但在某些场景中，便要好好运用自己的口才，把话说得巧妙高超。

第四节　说话要扬己之长，避己之短

想要抬高自己的身价，说好给自身贴金的话，就要懂得扬长避短，多说一些自己的长处，少说一些自己的短处。

古人云："梅须逊雪三分白，雪却输梅一段香。"在常人眼里，人们或多或少总会在某方面存在一定的缺陷，就算是伟人也毫不例外：拿破仑矮小、林肯丑陋、罗斯福小儿麻痹，而这些都没有阻挡他们辉煌而自信的一生。

瑞士银行中国区主席兼总裁李一，在 1988 年最初去美国迈阿密大学留学时，学的是体育管理专业。他发现那是"富人玩的游戏"，于是在离毕业还有半年时，毅然报考沃顿商学院。

美国沃顿商学院是世界首屈一指的商学院，李一考得并不轻松，前后面试了三次，仍没结果。最后一次面试，他干脆在考场上直截了当地问主考官："如果我没有被录取，最可能的原因是什么？"

"很可能是因为你没有工作经验。在美国，商学院录取的前提条件是要有商务工作经验。"

李一做出的反应不是承认自己的不足，或者是如何改变自己的缺点，而是立刻反驳："按你们的招生材料所说，沃顿作为世界最优秀的商学院，肩负着培养未来商务领袖的重任。但世界各国发展很不平衡，如果按你们现在的做法，商务成熟的国家会招生特别多，像中国这样的发展中国家可能一个也不招，这跟沃顿商学院的办学宗旨是自相矛盾的。"

出人意料的是，李一的反驳得到了主考官的欣赏。面试出来后，招生办主席秘书给李一打了一个电话："主席对你的印象特别好，说你很自信，与众不同。"后来，在当年 52 个申请该校的学生当中，李一成为唯一被沃顿商学院录取的中国学生。

李一的自信赢得了考官的欣赏，为自己铺垫了人生道路上的一块重要基石，更重要的是，他战胜了自己，扬长避短，主动出击。著名管理学家德鲁克博士曾在 1999 年的《哈佛商业评论》中发表观点：对于一个集体，需要克服的是"短板定理"；而对于个人，发挥自己的长处，比努力去补齐短板更为重要。

我们都知道田忌赛马的故事，对手的每一匹马都有相对应的绝对优势。但没有关系，不需要补齐短板，只要注重自己能够形成优势的策略，进行以长击短的顺序调整：上等马对中等马，中等马对下等马，下等马对上等马。就能获得完全不同的结局。

其实，每个人都有可取之处。你也许不如同事长得漂亮，但你却有一双灵巧的手，能做出各种精美的小工艺品；你现在的工资可能没有大学同学的工资高，不过你的发展前途却比他的好，等等。这并不是一种吃不到葡萄就说葡萄酸的心理，世界这么大，永远没有绝对的好，只有相对的好，没有绝对的失败，只有相对的成功。

路有千万条，但最难找的是适合自己的那条路。每一个人都应该根据特长来设计自己，量力而行，根据自己的环境、条件、才能、素质、兴趣等确定发展方向。不要埋怨环境，应努力寻找有利条件；不能坐等机会，要自己创造机会；拿出成果来，获得了社会的认可，事情就会好办一些。每个人都应该尽力找到自己的最佳位置，找准属于自己的人生跑道。当你事业受挫了，不必灰心丧气，相信坚强的信念定能点亮成功的灯盏。

每个人都有自己的特质和特长，所以不要怀疑自己，更不要轻易地否定自己。认清自己的优势与弱点，如果你身上有暂时或是永远无法补齐的"短板"，那么不如去吸引别人注意到你身上的闪光之处。每个人都有自己的发光点，只要你善于利用，就能扬长避短，形成制胜的优势。

第五节　善意的交谈让你更容易为人接受

与人交谈时，如果态度良好，更容易赢得别人的好感，你也就更容易为人所接受。

"善待他人就是尊重自己。"给别人一片晴朗的天空，就是给自己一片明媚的天空。当你由衷发现他人的优点、好处、能力时，人家也发现了你的优点、好处、能力。善待他人就是善待自己，这是做人的基本原则。

孟子曾经说过："君子莫大乎与人为善。"那些慷慨付出、不求回报的人，往往容易获得成功。而那些自私吝啬、斤斤计较的人，不仅找不到合作伙伴，甚至有可能成为孤家寡人。可能有人会问：怎样才算与人为善呢？与人为善说起来很简单，做起来却不容易，它包括相当广泛的内容。如：关心他人，当朋友遇到困难的时候，主动伸出友谊之手；尊重他人，不去探究他人的隐私；不在背后议论、批评他人；善于和别人沟通、交流；善于和那些与自己兴趣、性格不同的人交往；承认对方的价值和努力，对于错误要负起自己该负的责任……总的说来，善待他人最重要原则就是"己所不欲，勿施于人"，凡事要从对方的角度来考虑。如果你遵从这个原则，你将获得许多好朋友、好伙伴。

战国时代的名将吴起很懂得与人为善就是善待自己这个道理。《史记》中载有一个关于吴起的故事：他爱兵如子，深得士兵们的爱戴。有一次，一个刚刚入伍的小兵在战争中负了伤，因战场上缺医少药，等到打完仗回到后方时，那位小兵的伤口已经化脓生疽。吴起在巡营的时候发现了，他二话没说，立刻蹲下来，用嘴为那位士兵吸吮伤口、消炎疗伤。那位小士兵见大将军竟然如此对待自己，感动得热泪盈眶，说不出一句话。其他士兵们看了，也深受感动。而那位士兵的母亲听说了这件事后，却大哭起来。大家都以为她是感动而泣，可她却说："我是在为我儿子的命运担心呀！你们有所不知，当年，吴将军也曾为他的父亲吸吮过伤口，结果他父亲感念吴大将军的恩情，舍生忘死英勇杀敌，最后战死在沙场上了。"正因为吴起如此善待士兵，所以士兵们个个英勇善战。

可见，与人为善是我们在寻求成功的过程中必须遵守的基本准则。在这样一个合作的社会中，人与人之间更存在着一种互动的关系。只有我们先去善待别人，善意地帮助别人，才能处理好人际关系，从而获得他人的愉快合作。

我们静下心来思考一下，会发现自己很少会赞美他人。我们跟他人比较时，总是会找到对方的缺点，总是会说谁谁谁又做错了，某某某很笨，遇到人家做成功什么事情后，我们心里会说："这有什么，要是我肯定能做得比他好。"而当一个人做事情失败后，我们中间很多人又会在内心里说："瞧瞧，他多笨呀，不行就是不行……"凡此种种，其实就是我们心里不愿意看到他人的长处，不懂得善待他人的结果。

生活总是千差万别的，人的能力也是各种各样的。当一个不如自己的人，努力在做一件事情，我们用由衷的言语赞美一下，对于我们来讲这可能不算什么，但是如果我们设身处地，听到这赞美之词，会是什么样的心情呢？当一个强于自己的人，轻易完成一件事情后，我们给他赞美的同时，也会发现他成功的原因，我们会在关注他的同时发现他强于我们的原因，从而我们会要求自己朝着他成功的方向去努力，这总比我们嫉妒他、不服气他要好多了吧？当遇到一个做错事情的人，特别是做错事情又伤害我们的人，如果我们宽恕他，给他改过的机会，我们得到的不再是气愤之类的感觉；当一个人遇到困难的时候，我们尽力帮助他，善待他，当对方说谢谢的时候，我们得到的又是什么呢？

皖南山区某县有一个青年农民，他种的水稻品种好、产量高，他总是将自己的优良水稻品种无偿地送给村里的人。村民问他："你这样做不怕我们超过你吗？"这位青年农民回答："我将好种子送给你们，其实也是帮助了自己。"他知道，周围的人们改良了他们的水稻品种，可以避免自己的水稻品种产生异变，导致减产。

生活中常是这样：对人多一份理解和宽容，其实就是支持和帮助自己，善待他人就是善待自己。授人玫瑰，手留余香。

有人说良好的人际关系不单单是做出来的，更是从心底里"流"出来的。它告诉我们在人际交往中要以诚待人，用"心"和他人交往。

在追求成功的过程中，任何人都离不开他人的合作。尤其是在现代社会里，如果你想获得成功，就应该想方设法获得周围人的支持和帮助。只有你真诚地对待别人，对方才会与你真诚合作。请记住：善待他人也就是善待自己！

第六节　人际交往之始，如何说能让自己鹤立鸡群

熙熙攘攘的人群中，有人飘然而过，却让你久久回首，难以忘记；社交聚会中，每个人都明艳照人，使尽浑身解数博取注意力，而有人却独领风骚，这和他们的说话方式不无关系。

在角色多如牛毛的社会舞台上，总有一些人一出场就能赢得满堂

彩，一抬手、一顿足就与众不同，惹人注目。我们大多数人，仿佛注定了默默无闻，平凡无奇，这仿佛是无力改变的。你甘心一辈子只做"绿叶"吗？你难道不想当一回社交圈中的明星，风光一回吗？你难道不想让别人对你过目不忘、艳羡不已吗？

以下就是令你轻轻松松"鹤立鸡群"的一些秘诀，只要你真正掌握，并举一反三，就能实现你的愿望。

1. 说话时善用手势，令别人对你过目不忘

令别人对你过目不忘的第一秘诀是妙用手势。手势是人际交往中不可缺少的动作，是最有表现力的一种"体态语言"。手势语言，可以给人以立体感、形象感，帮助对方理解所说内容；还能强化所要表达的感情，激起对方的共鸣；手势语言还能传达有声语言所不能很好传达的微妙感情，令"一切尽在不言中"；同时，还有助于自己在交谈中做到同步思考。

总之，手势若使用恰当，不仅能很好地表情达意，而且能增加你的社交魅力，突出自己的个性。经研究证明，人们更容易记忆自己亲眼看到的动作，而对听到的声音，则因情、因境、因人各有不同，所以，在说话时巧妙地使用手势，更容易给对方留下深刻的印象。

恰当地运用手势，可以使你的形象更加生动鲜明，但是，手势的使用应该以帮助自己表达思想为准绳，不能过于单调重复，也不能做得过多。反复做一种手势会让人感觉到你的修养不够，有些神经质；不住地做手势，胡乱做手势，更会影响别人对你说话内容的理解。所以，手势要用得恰到好处，有所节制，否则，就会适得其反。

2. 谈话时利用记事本，让别人做出"你很成功"的判断

也许，你和同事小王每天做同样的工作，拿同样高的薪酬，取得一样的成绩。可是，不知为什么，小王好像就是比你成功，至少，别人是这样以为的，有时你也会有同感。为什么呢？原来，"成功"不仅是实质的工作、薪酬和成绩，对别人来说，"成功"更来自你的社交形象，你在社交中能展示"成功"的一些小细节，而在这些细节表现当中，最具效果的，莫过于随时利用记事本这一道具。

与人约定时间时，我们一般会有两种反应：一种是表示什么时间都可以，而另一种则表示要翻一翻记事本，看看哪个时间可以。常常，对于第一种"友好和善"的人，我们会不置可否；而对于"不近人情"的后者，反而印象深刻，认为对方一定是个业务繁忙的成功人士。

在人们心目中，成功人士都是繁忙的，日理万机，所有的日程一般在几天前就已定好，而且由于所见的人物都非同寻常，要处理的也都是重大事项，不能随便更改。所以，如果你有这些细节表现，人们就会认为你很成功、很能干。

事实上，"成功"人士就算知道自己某一天有空闲，在与人约定时间时，也会掏出记事本装作要确定自己那天是否有时间，以使对方对他的"业务繁忙""事业成功"产生很深的印象。而且，边看记事本边约定时间，还可以给对方留下做事谨慎、重约守信的好形象。

当我们看到写满姓名、电话、地址及预定行程的记事本时，往往会被它吓一跳，并自然地产生这个人交际很广、工作能力很强的印象。同样，善用这一道具，我们也可以令别人对我们产生这种印象。需要注意的是，要自然随意地拿出，不能过于做作，让别人看出你是在"作秀"。

3. 令你魅力倍增的说话方式

急事，慢慢地说。

遇到急事，如果能沉下心思考，不急不躁地把事情说清楚，会给听者留下稳重、不冲动的印象，从而增加他人对你的信任度。

小事，幽默地说。

尤其是一些善意的提醒，用句玩笑话讲出来，就不会让听者感觉生硬，他们不但会欣然接受你的提醒，还会增强彼此的亲密感。

没把握的事，谨慎地说。

对那些自己没有把握的事情，如果你不说，别人会觉得你虚伪；如果你能措辞严谨地说出来，会让人感到你是个值得信任的人。

没发生的事，不要胡说。

人们最讨厌无事生非的人，如果你从来不随便臆测或胡说没有的事，会让人觉得你为人成熟、有修养，是个做事认真、有责任感的人。

做不到的事，别乱说。

俗话说"没有金刚钻，别揽瓷器活"。不轻易承诺自己做不到的事，会让听者觉得你是一个"言必信，行必果"的人，愿意相信你。

伤害人的事，不能说。

不轻易用言语伤害别人，尤其在较为亲近的人之间，不说伤害人的话。这会让他们觉得你是个善良的人，有助于维系和增进感情。

伤心的事，不要见人就说。

人在伤心时，都有倾诉的欲望，但如果逢人就说，很容易使听者心理压力过大，对你产生怀疑和疏远。同时，你还会给人留下不为他人着想，想把痛苦转嫁给他人的印象。

别人的事，小心地说。

人与人之间都需要安全距离，不轻易评论和传播别人的事，会给人交往的安全感。

自己的事，听别人怎么说。

自己的事情要多听听其他人的看法，一则可以给人以谦虚的印象，二则会让人觉得你是个明事理的人。

尊长的事，多听少说。

年长的人往往不喜欢年轻人对自己的事发表太多的评论，如果年轻人说得过多，就觉得你不是一个尊敬长辈、谦虚好学的人。

4. 令你魅力倍增的说话主题

谈谈梦想。假如你对别人说："我希望将来能住在国外，最好在澳大利亚买一个农场……"虽然有人会觉得你幼稚无知，但多数人都会认为你天真可爱，充满了浪漫的生活情趣。

假如你的梦想不只是超现实的幻想，而且是你的人生目标和事业规划，那大家就会觉得你这个人不同寻常，拥有远大目标，总有一天会梦想成真、出人头地。而且，与有梦想的人在一起，人们也会感染他们的积极、乐观和热情，因此，也会乐于和他们接近、交往。

来点幽默。具有幽默感，不仅能给你的事业带来极大的好处，而且会使你的形象更有魅力。幽默可以消除紧张情绪，创造一种轻松愉快的工作氛围，从而使你的事业更为成功。它同样也是塑造完美社交形象的一个因素，每当面临人际选择时，绝大多数人都愿意与那些幽默的人打交道。

在当今社会中，竞争异常激烈，人际关系日趋复杂，人们的压力和紧张情绪比任何时候都明显，许多人灰心丧气、精神抑郁。在这种时候，幽默感就显得尤其重要。如果你天生就有幽默感，那一定要发扬它，这会令你的社交魅力倍增，人们因此乐于与你共事。

第七节　初进职场，怎样说能让自己脱颖而出

在当今激烈竞争的职场中，一个新人如果不懂得为自己"评功摆好"，即使肚子里真有货色也是枉然。因此，对于职场新人来说，要实干，更要会"表功"。

职场新人的贴金术有如下几点：不经常闪光，却总有新鲜才华示人，让人觉得你是不可多得的宝贝；有粉向脸上抹，平时便多找机会，看似不经意地露一手，或敢于说一鸣惊人之语；得不到的东西既然最好，你便应深居简出，保持神秘，不随便允诺请求，让他人"胃口"常开；发掘自身特点，所谓"不沾富贵就讲品位"，扬己之长，避己之短。除此之外，职场新人也要在说话上多注意，利用表达让自己在同事中脱颖而出。

1. 说清细节

人的精力有限，生活中的一些不起眼小事、微不足道的历史趣闻、某大作中的小人物，往往被人们忽略和忘记了。如果你能在交往的节骨眼上与别人清楚地谈起，别人就认为你学富五车，才高八斗。如果你说"我市有 300 多万人口"，别人并不怎么留下深刻印象。假若你侃侃而谈人口数是 301.2 万，别人一定会被你的严谨所折服。

2. 用万能的形容词

有许多描述词句都能运用到其他事物上。当被问及你对一本著作、一部影片或者一段音乐的看法时，你也许对它一无所知，这时

就可以说"我更喜欢他(作者)此前的作品",或者"我更喜欢他以后的作品,因为那些更成熟"。

3. 发表难以辩驳的观点

在交谈中,肯定有人会转向你,并询问"您的看法呢",你此刻也许并不想说出真实想法,因为你的注意力根本就不在这儿。这时,可以用三种与任何主题都有关而又不产生矛盾的说法作为你的观点:"这得依情况而定""也不能一概而论""在不同的情况下也许就不是这样了"。

恰当赞美，夸就夸到
人的心坎里

第一节　赞美的话要发自内心

如果你的赞美之词不是发自内心的，那么，你的赞美很难达到预期的功效。

赞美别人就是发现别人的美，并且用恰当的语言表达出来。赞美的语言稍微夸张一点是可以的，但若言过其实，便会让人怀疑你赞美的诚意和动机了。

有这样一个人，在单位里经常赞美同事，见到领导时，赞美的话更是滔滔不绝。见到身材魁梧的领导，他就说："一看就知道您是有福之人啊！"当见到秃顶的领导时，他就说："贵人不顶重发，聪明绝顶啊！"这些话倒是不伤大雅，倒还能让领导开心，只是有一次，因为他过分夸大的赞美言辞让领导对他有了重新的认识。

某领导在应酬时，酒喝多了，走路时一不小心摔了一跤，这时，这位经常赞美领导的"赞美家"赶紧过来扶起领导，嘴里说道："领导为了工作，连自己的身体都不顾了，就算是喝出胃出血也没有任何怨言。"喝醉了酒的领导一听到有人这样"赞美"自己，一下子就火了，指着这位时时不忘赞美领导的人破口大骂："你到底会不会说话，你那是称赞我吗？你是盼着我死吧？"这次，平日伶牙俐齿的他再也说不出任何赞美之词了。

他的赞美之所以得不到听者的认可，是因为赞美之词不是发自内心的。在他的赞美中，有很重的趋炎附势、惺惺作态的成分。这样的赞美无法打动人心。

小王是建筑公司的拆迁办主任，在拆迁工作顺利进行的时候，一家钉子户使拆迁工作不得不停下。小王了解了这家的基本情况后得知，这家的主人是一名曾参加过抗美援朝的老军人，他之所以不肯搬家，是因为这套四合院是在他光荣离休后政府赠予他的。

随后，小王亲自拜访了这位老人。他进入老人的书房，看见墙上都是老人身穿军装的照片，不由得说道："您老年轻时一定是名强悍的军人。因为我在您身上仿佛见到了你当年奋勇杀敌的勇猛和果断。"老人没有作声。小王继续说："我小的时候就愿意和我爷爷在一起，他总有许多战场上的故事可以讲，后来他年纪大了，有的故事甚至都讲20遍了，可是每次他像是第一次讲一样，眼中充满了激动的泪水。我想您所知道的故事一定和我爷爷知道的一样多，甚至比他的还多。而这其中的辛酸不易，我想只有您自己体会得最深刻了。"

说到此，小王起身说道："老先生，打扰您这么久，真是对不住啊！"说完他就走出了屋子，往大门外走去。当他即将迈出大门时，老人在背后喊道："明天过来时把拆迁的公文带来，让我好好瞅瞅。"小王心里的大石头终于落了地，老人要看公文，证明拆迁的事情有戏了。

从头至尾，小王只字未提拆迁的事，只是和老人聊了会儿家常话。其实，正是小王的家常话打动了老人。小王称赞老人勇敢，称赞老人阅历丰富，这都是发自内心的赞美。他的赞美之词在老人的心中也激起了层层涟漪。因为小王真诚的赞美，打开了老人的心房。

有的人非常吝啬对他人的赞美，认为那是阿谀奉承的表现，是令人不齿的做法，然而人人都喜欢听到他人的赞美，都以得到他人的赞美为荣。因为这说明自己的行为得到了认可，对赞美他的人自然就会产生好感。无论何时，赞美都拥有神奇的力量，能帮助他人走出困境，是交际中最有效的手段之一。发自内心的赞美，是任何人都喜爱的。

有些人不是出自真心而是随大流，跟着别人说重复的赞美话，或者附和别人的赞美，这会引起对方的反感。因为这样的赞美听起来你是在溜须拍马。

哈佛大学弗尔帕斯教授经历过这样一件事：有一年夏天，天气又闷又热，他走进拥挤的列车餐车去吃午饭，当服务员递给他菜单的时候，他说："今天那些在炉子边烧菜的小伙子一定是非常辛苦了。"那位服务员听了后吃惊地看着他说："上这儿来的人不是抱怨这里的食物，便是指责这里的服务，要不就是因为车厢内闷热而大发牢骚。19年来，你是第一个对我们表示同情的人。"

第二节　总能找到赞美的理由

我们常会碰到一些难缠的人，讲道理不听，软说强求也无效，而且有时他还对你抱有一种固执的敌意。对这样的人你肯定不会去赞美他。然而此时此刻，恰恰只有赞美才能解开这个死结。

费城华克公司的高先生懂得从对方身上找到夸奖的理由，借由赞美达到自己的目的。

华克公司承包了一幢办公大厦的建筑工程，必须在合同规定的日期内完工。开始一切顺利，眼看就要完工了，突然负责供应楼内装饰材料的供应商声称，他不能按期交货。如果这样，整个工程都将受到影响，不能按期交工，公司的麻烦可就大了。

高先生于是去找这个供应商。高先生径直走进那家公司董事长的办公室，但是高先生并没有责备对方，而是说对方的姓在这个地区是独一无二的。这让那位董事长很意外，也打开了话匣，他用了很长的时间谈论他的家族及祖先。等他说完了，高先生又恭维他一个人支撑那么大一个公司，并且比其他同类公司生产的铜制品都好。于是董事长坚持要请高先生吃饭。在吃饭的过程中高先生又说了一些其他的事情，始终没说来访的目的。

午饭后，还是那位董事长主动提到了实质问题，由于高先生给他带来了很多的快乐，董事长答应按合同交付产品。

高先生甚至没有提出要求就达到了目的。那些材料准时送到，他们也按期交工。

找到赞美的理由，从赞扬和欣赏开始更容易说服他人。做鱼有腥味，可以加料酒去腥，肉骨头炖不烂，可以滴几滴醋，这是一物降一物的道理。在追求成功的道路上，善用这个道理的人，事半功倍，不善用这个道理的人，吃力不讨好。

柯达公司创始人伊斯曼，捐出巨款要在罗彻斯特建造一座音乐堂、一座纪念馆和一座戏院。为承接这批建筑物内的座椅，许多制造商展开了激烈的竞争。但是，找伊斯曼谈生意的商人无不乘兴而来，败兴而归。在这样的情况下，优美座位公司的经理亚当森前来会见伊斯曼，希望能够得到这笔价值9万美元的生意。

伊斯曼的秘书在引见亚当森前，就对亚当森说："我知道您急于得到这批订货，但我现在可以告诉您，如果您占用了伊斯曼先生5分钟以上的时间，您就完了。他是一个很严厉的大忙人，所以您进去后要快快地讲。"亚当森微笑着点头称是。

亚当森被引进伊斯曼的办公室后，看见伊斯曼正埋头于桌上的一堆文件，于是静静地站在那里仔细地打量起这间办公室来。过一会儿，伊斯曼抬起头来，发现了亚当森，便问道："先生有何见教？"秘书把亚当森做了简单的介绍后，便退了出去。这时，亚当森没有谈生意，而是说："伊斯曼先生，在我们等您的时候，我仔细地观察了您这间办公室。我本人长期从事室内的木工装修，但从来没见过装修得这么精致的办公室。"

伊斯曼回答说："哎呀！这间办公室是我亲自设计的，当初刚建好的时候，我喜欢极了。但是后来一忙，一连几个星期我都没有机会仔细欣赏一下这个房间。"

亚当森走到墙边，用手在木板上一擦，说："我想这是英国橡木，是不是？意大利的橡木质地不是这样的。"

"是的，"伊斯曼高兴得站起身来回答说，"那是从英国进口的橡木，是我的一位专门研究室内橡木的朋友专程去英国为我订的。"

伊斯曼心情极好，便带着亚当森仔细地参观起办公室来了。他把办公室内所有的装饰一件件向亚当森做介绍，从木质谈到比例，又从比例谈到颜色、从手艺谈到价格，然后又详细介绍了他设计的经过。此时，亚当森微笑着聆听，饶有兴致。

亚当森看到伊斯曼谈兴正浓，便好奇地询问起他的经历。伊斯曼便向他讲述了自己苦难的青少年时代的生活，母子俩如何在贫困中挣扎的情景，自己发明柯达相机的经过，以及自己打算为社会所做的巨额的捐赠。亚当森由衷地赞扬他的功德心。

本来秘书警告过亚当森，谈话不要超过5分钟。结果，亚当森和伊斯曼谈了一个小时又一个小时，一直谈到中午。最后伊斯曼对亚当森说："上次我在日本买了几张椅子，放在我家的走廊里，由于日晒，都脱了漆。昨天我上街买了油漆，我打算自己把它们重新漆好。您有兴趣看看我的油漆表演吗？好了，到我家里和我一起吃午饭，再看看我的手艺吧。"午饭以后，伊斯曼便动手，把椅子一一漆好，并深感自豪。直到亚当森告别的时候，两人都未谈及生意。最后，亚当森不但得到了大批的订单，而且和伊斯曼结下了终生的友谊。

第三节　夸人要夸到点子上

把话说在点子上，往往能收到意想不到的效果，而夸人夸到在点子上，更会令对方喜出望外。

赞美是人们生活中不可或缺的调味剂，有了它，人与人之间的距离会变得越来越近。如果要消除两人间的隔阂，真心地赞美对方是最理想的方法。但如果我们的赞美没有针对性，没有赞美到点子上，反而可能会引起对方的厌恶。

当你与年老的长者交谈时，可以多称赞他引以为豪的过去，因为老年人一般都希望别人能够记住他当年的业绩和往日的雄风；当你与年轻人交谈时，不妨语气稍为夸张地赞扬他的创造才能和开拓精神，并举出几点实例证明他的确能够前程似锦；当你与商人交谈时，可以称赞他头脑灵活，生财有道；当你与知识分子交谈时，可以称赞他知识渊博、宁静淡泊。当然，这一切要依据事实，切不可虚夸。

恭维过度，会让人觉得你是在阿谀奉承、拍马溜须。所以，在赞美时一定要善于寻找到对方最希望被人赞美的地方。

云莉从升入大学的第一天，就被同学们评为"班花"。云莉自己也知道，从小到大她听到的称赞最多的就是关于她漂亮的外表，对于这样的赞美，云莉是感觉有点儿"疲劳"了。其实在她内心深处最希望听到别人说她"有才华，将来肯定会有所成就"。云莉的男朋友就是靠着"别具一格的赞美"才赢得了她的芳心。"在我身上，他总能发现别人发现不了的优点。"云莉开心地说。

由此可见，赞美就得"赞美"到点子上。这样的赞美才不会给人虚假牵强的感觉，这样的赞美往往会使对方听来十分亲切真实，使对方产生一种遇到"知音"的感觉，从而增进友谊，缩短彼此间的距离。

第四节 巧说赞美之词助你成事

恰如其分地称赞别人，绝不可夸大其词，只有这样才能赢得别人的信任和好感。

办事过程中，要想顺利办好一件事，适当的赞美必不可少。赞美的话谁都会说，但是能否说得巧妙、自然，让对方从内心产生认同感，心甘情愿地助自己成事，这里面就有一定的学问了。

美国黑人富豪约翰逊要修建一幢办公楼，但在资金上还有300万美元的空缺，他出入多家银行都没有贷到这笔款。

建造开工后，到所剩的钱仅够花一个星期的时候，约翰逊终于找到了一家银行肯贷款给他，但是他还有一个要求，就是当天就要拿到贷款，银行主管却对约翰逊说："你一定在开玩笑，我们从来没有在一天之内就办妥的事的先例。"

约翰逊稍一沉思，回答："你是这个部门的主管。也许你应该试试看你有无足够的权力把这件事在一天之内办妥。"

这样一下子就挑起了对方的好胜心，这个银行主管跃跃欲试，本来他说办不到的事反而办到了，约翰逊也如愿以偿地拿到了这笔贷款。

这个类似激将法，是一种隐蔽的赞美方法，就像你说："这件事对你来说简直是小菜一碟。"这时，即使对方办到这件事有一定的难度，他也不会直接告诉你"我做不到"，而是想办法达到你的期望，以免被你看扁。

比尔·派克是佛罗里达州得透纳海滩一家食品公司的业务员，他对公司新出的系列产品感到非常兴奋；但不幸的是，一家大食品市场的经理取消了产品陈列的机会，这令比尔很不高兴。他对这件事耿耿于怀，决定下午回家前再去试试。

他说："杰克，我今天早上走时，还没有让你真正了解我们最新系列的产品，假如你能给我些时间，我很想为你介绍我漏掉的几点。

我非常敬重你有听人说话的雅量，而且非常宽大，当事实需要你改变时你会改变你的决定。"

杰克能拒绝再听他谈话吗？在这个必须维持的美誉之下，他是没办法这样做的。

办事过程中，要使赞美的语言产生效果，除了注意一些技巧外，更重要的是有一份诚挚的心意及认真的态度，不要轻易草率地发表看法。即使是赞美一个人也不要太夸张离谱，否则就变成了谄媚，对方也会觉得你很虚伪。

第五节　赞扬是对下属最好的奖赏

一句赞扬可以提高下属的积极性，使其努力工作，但一句批评可能让他站到你的对立面，与你对着干。

人的全面发展，不仅包括物质利益方面，还包括名誉、地位等精神方面。在单位里，每个人都会非常在乎领导的评价，领导一句赞扬会是下属最好的奖赏。

首先，领导的赞扬可以使下属意识到自己在群体中的位置和价值，以及在领导心中的形象。而领导的表扬往往具有权威性，是确立自己在同事中的价值和位置的依据。

有的领导善于给自己的下属就某方面的能力排座次，使每个人按不同的标准排列都能名列前茅，可以说是一种皆大欢喜的激励方法。比如，小王是本单位第一位博士生；小李是本单位"舞"林第一高手；小刘是单位计算机专家等等，人人都有个第一的头衔，人人的长处都得到肯定，整个集体都是由各方面的优秀分子组成，能不说这是一个生动活泼、奋发向上的集体吗？

其次，领导的赞扬可以满足下属的荣誉感和成就感，使其在精神上受到鼓励。如果一个下属认真地完成了一项任务或做出了一些成绩，虽然他表面上毫不在意，但心里却默默地期待着领导称心如意的嘉奖，而领导一旦没有关注，不给予公正的赞扬，他必定会产生挫折感，对领导也产生看法，"反正领导也看不见，干好干坏一个样。"这样的领导是不能调动起下属的积极性的。

再次，赞扬下属还能够密切上下级的关系，有利于上下团结。领导的赞扬不仅表明了领导对下属的肯定和赏识，还表明了领导对下属的一言一行都很关心。有人受到赞美后常常高兴地对朋友讲："瞧我们头儿既关心我又赏识我，我做的那件连自己都觉得没什么了不起的事也被他大大夸奖了一番。跟着他干气儿顺。"互相都有这么好的看法，能有什么隔阂？能不团结一致拧成一股绳把工作搞好吗？

对下属成绩和良好思想品格的肯定和赞扬，就是对另一种与之相对立的倾向的有力的否定和批评。直接指斥某种倾向的危害，明白地提出某种诫令，不失为一种可行的办法。但这只能是一种辅助手段，其效力不会深远。倘若及时向下属说明"什么好""应该干什么"、"怎样干"，就从根本上解决了带有过程意义的问题。所以对于规范下属的行为，肯定、赞扬要比否定、批评来得更为直接。

下属的活动都是自觉地指向上级确定的目标，遵循上级的规定展开的。然而，由于受个人的智力、学识、经验以及种种不可控因素的制约，其活动结果不尽如人意也是不可避免的。在失误、败绩面前，上级该做如何处置呢？简单的方法当然是论过行罚。但这并不明智。更为远虑的处置是宽容。在必要的批评和处罚之外，要言辞中肯、情意温馨，对其过失之外的成绩、长处予以肯定，对其深重的负疚感、追悔心予以宽慰，对其振作图进的心意予以抚慰和信赖。当事人就会从不安中看到希望，决心日后努力工作，将功补过。

所以，即使作为有一定权力的领导，也不要随意地批评下属。在任何时候，赞美、鼓励都会比批评更有效果，都更能把人团结在你的周围。

第六节　赞美要具体

赞美可以是抽象的，也可以是具体的，然而抽象的赞美远没有具体的赞美来得实在，具体的赞美也更易为人所理解和接受。

抽象的东西往往很难确定它的范围，难以给人留下深刻印象。赞美应该是看得见、摸得着的，是具体的。

赞美的话只有说得细致具体、符合实际，才能让对方感觉你是在真心地关注他。空洞的赞美不但没有任何意义，还会让对方觉得你是在敷衍他。

在赞美别人的时候，千万不要使用模棱两可的表述，像"挺好"、"没那么糟"这样的话都不要用。含糊的赞美往往起不到应有的作用，还会适得其反。因此，在与人交往的时候，应该从具体事件入手，善于发现别人哪怕是最微小的长处，并不失时机地予以赞美。

赞美越具体越好，这说明你对对方非常了解，对他的长处和成绩很看重，让对方感到你的真挚、亲切和可信。比如你的同事今天穿了一件新衣服，打扮得很漂亮，你如果仅仅是说"你今天很漂亮"，效果显然会比"这件连衣裙真是不错，尤其是和你的气质特别搭配"差很多。

当你只针对一件事情进行赞美时，赞美会更有力量。赞美的对象越庞杂，它的力量就越弱。因此，在赞扬别人时，要针对具体的某一件事情。例如在社交场合，常听到的赞美不外乎"你今天好漂亮""你看起来气色很好"等话语，这些赞美太过含糊笼统，会使你的赞美大打折扣。

1975 年 3 月 4 日，卓别林在英国白金汉宫被伊丽莎白女王封为爵士。封爵仪式开始，正当卓别林非常兴奋的时候，女王赞美卓别林说："我观赏过你的许多电影，你是一位难得的好演员。"可是这位伟大的艺术家似乎对这个赞美并没有特别的感觉。

事情过后，有人向卓别林询问当时的感想。但卓别林的回答令人大吃一惊："女王陛下虽然说她看过我演的许多电影，并称赞我演得好，可是她没说出哪部电影的哪个地方演得最好。"当女王知道了卓别林这样说后，感到非常遗憾。

从这个故事中，我们可以看出，如果赞美别人就得说出具体的事实，这样才会产生良好的效果。

美国社会心理学家海伦·克林纳德认为：正确的赞美方法是将赞美的内容详细化、具体化。其中有三个基本因素需要明确：你喜欢的具体行为，这种行为对你有何帮助，你对这种帮助的结果有无良好的感觉。有这三个基本因素为依托，赞美才不会空泛笼统，才能给人留下好印象。赞美对方就要先了解对方，只有了解对方，你的夸奖和赞扬才会有针对性。只有当你的话说到了点子上，才会让对方感受到你的真心。一般情况下，对方不仅仅想要你说他好，而且很想知道为什么说他好，好到什么程度。

第七节　倾听是对讲话者的高度赞美

我们往往用赞美他人语言。其实倾听也是对讲话者的高度赞美与恭维。

倾听不仅是对别人的礼貌与尊重，也是对讲话者的高度赞美与恭维。每个人都希望获得别人的尊重，受到别人的重视。当我们专心致志地听对方讲话，特别是全神贯注地听时，对方一定会有一种被尊重和受重视的感觉，双方之间的距离必然会拉近。所以，懂得倾听可以直接决定你要办的事情能否成功。

经朋友介绍，重型汽车推销员乔治去拜访一位曾经买过他们公司汽车的商人。见面时，乔治照例先递上自己的名片："您好，我是重型汽车公司的推销员，我叫……"

才说了不到几个字，该顾客就以十分严厉的口气打断了乔治的话，并开始抱怨当初买车时的种种不快，例如，服务态度不好、报价不实、内装及配备不对、交接车的时间等待得过长……

顾客在喋喋不休地数落着乔治的公司及当初提供汽车的推销员，乔治只好静静地站在一旁，认真地听着，一句话也不敢说。

终于，那位顾客把以前所有的怨气都一股脑地发泄了。当他稍微喘息了一下时，方才发现，眼前的这个推销员好像很陌生。于是，他便有点不好意思地对乔治说："小伙子，你贵姓呀，现在有没有一些好一点的车种，拿一份目录来给我看看，给我介绍介绍吧。"

当顾客离开时，乔治已经兴奋得几乎跳起来，因为他的手上拿着两台重型汽车的订单。

从乔治拿出产品目录到那位顾客决定购买，整个过程中，乔治说的话加起来不超过 10 句。重型汽车交易拍板的关键，由那位顾客道出，他说："我是看到你非常实在、有诚意又很尊重我，所以才向你买车的。"

只是几分钟的倾听，就做成了一笔业务，这就是倾听的魅力。

玫琳凯·艾施在《玫琳凯谈人的管理》一书中，就曾对倾听的影响做了如此说明："我认为不能听取别人的意见，是自己最大的疏忽。"

玫琳凯经营的企业能够迅速发展成为拥有 20 万名美容顾问的化妆品公司，其成功秘诀之一就是她相当重视每个人的价值，而且很清楚了解员工真正需要的除了金钱、地位外，还有一位真正能"倾听"他们意见的知心人。因此，她严格要求自己，并且让所有的下属铭记这条金科玉律：倾听，是最优先的事，绝对不可轻视倾听的作用。

所以，当你说话办事时，不要一味地只顾着表达自己的想法和观点，留一点时间给别人，沉静下来听别人说话，你的倾听会给你带来更多的收获。

第八节　赞美要自然

每个人都不会拒绝别人真诚的赞誉，而我们在赞美人时也要表现得自然。

在人与人的交往中，任何人都喜欢被人赞美、奉承。事实上，面对别人自然的赞美，相信世界上没有人会无动于衷。

在尼克松为法国总统戴高乐举行的宴会上，尼克松夫人费了很大的心思布置了一个鲜花展台：美丽的喷泉旁是一张马蹄形的桌子，鲜艳的热带鲜花在阳光的照射下显得娇艳无比。戴高乐将军一眼就看出这是主人为欢迎他而精心制作的，不禁赞不绝口："女主人真是用心，这么漂亮、雅致的计划与布置一定花了很多时间吧。"尼克松夫人听后，觉得非常开心。

也许在其他人看来，尼克松夫人布置的鲜花展台不过是她作为一位总统夫人的分内之事，没什么值得赞美的；但戴高乐将军却能领悟到她的苦心，并向夫人表示了特别的肯定与感谢，从而也使尼克松夫人异常高兴。

赞美是打开心门的钥匙，它不但会把老相识、老朋友团结得更加紧密，还可以把互不相识的人联系在一起。

任何赞美的话都要切合实际。赞美要看对象：像爱漂亮的女孩子你就赞美她的打扮，有小孩的母亲最好赞美她的小孩，工作型的女孩可赞美她的工作能力；至于男人，最好赞美他的实力。到别人家做客，可赞美其房子布置得别出心裁，或赞美一个盆景的精巧或去欣赏那些鱼的美丽，等等。

　　当你自然真诚地赞美了对方，对方表现出满意的态度时，你的赞美就促进了你与主人关系。

笑融僵局，左右逢源
必备的幽默话

第一节　言语多点幽默，让话语变有趣

幽默是运用意味深长的诙谐语言抒发情感、传递信息，以引起听众的快乐和兴趣，从而感化听众、启迪听众的一种艺术手法。如果言语中能多点幽默，那么我们所说的话将会更加有趣，会吸引更多的人。

一位著名的作家曾经说过：生活中没有哲学还可以活下去，然而没有幽默的话，恐怕只有愚蠢的人才能生存。幽默是一个人的学识、才华、智慧在语言中的集中闪现，是一种"能抓住可笑或诙谐想象的能力"，它是对社会上种种不协调、不合理的荒谬、偏颇、弊端、矛盾实质的揭示和对某些反常规言行的描述。幽默的语言可以释放内心的紧张和重压，化作轻松一笑。在沟通中，幽默的语言如同润滑剂，可有效地降低人与人之间的摩擦，化解冲突和矛盾，使我们从容地摆脱沟通中遇到的困境。

有一对夫妇带着一个 6 岁的孩子去租房，他们看中了一处房子，可房东不肯将房子租给他们。原因是她喜欢安静，从不将房子租给有孩子的人。夫妇交涉无果，于是 6 岁的孩子对房东说："您可将房子租给我呀，我没有孩子，只有爸爸妈妈。"房东开怀大笑，开心地把房子租给了他们。孩子从成人的视角看问题，构成了独特的趣味思维形式，让人享受到一种自然天成的天真情趣。

由此看来，幽默不是故作天真，而是从多重视角去透视事件和问题，并找出其中富有情趣的一面，对其进行凸现化、集中化的语言处理，从而化紧张严肃为轻松谐趣。幽默是人们适应环境的工具，是人类面临困境时减轻精神和心理压力的方法之一。契诃夫说过："不懂得开玩笑的人，是没有希望的人。"可见，生活中每个人都应当学会幽默。多一点幽默感，就会少一点气急败坏，少一点偏执极端。

幽默可以淡化人的消极情绪，抚平沮丧与痛苦。具有幽默感的人，其生活充满情趣，许多令人痛苦烦恼之事，他们却应付得轻松自如。用幽默来处理烦恼与矛盾，会使人感到和谐愉快，友好幸福。那么，怎样使语言富有幽默感呢？不妨试试以下几种方法：

1. 颠倒成趣

把正常的人物关系，或者动机与效果在一定条件下互换位置。

曾风靡一时的舞蹈家邓肯写信向幽默大师萧伯纳求爱，她在信中说："如果我俩结合，生下的孩子，既有我美丽的外表，又有你睿智的头脑，这该多妙呀！"萧伯纳却风趣地回信说："如果孩子的外表像我，头脑却像你，那该有多糟啊！"

2. 移花接木

把在某种场合下十分恰当的情节或语言，移植到另一不同的场合中，达到张冠李戴、"荒唐"可笑的幽默效果。

生物学家格瓦列夫在一次讲课时，一位学生突然学起鸡叫，引起一片哄笑。格瓦列夫却不动声色地看了下自己的挂表说："我这只表误时了，没想到现在已是凌晨。不过，请同学们相信我的话，公鸡报晓是低等动物的一种本能。"

3. 故意卖关子

首先故意提出一个容易使人产生误解的结论，然后再做出一个出人意料的分析和解释。

作家柯南·道尔在罗马时，一次乘坐出租车去旅馆，途中两人聊了起来。司机问："你是柯南·道尔先生吗？"

"你怎么知道我的名字？"柯南·道尔奇怪地问道。

"啊，简单得很，你是在罗马车站上车的，你的穿着是英国式的，你的口袋里露出一本侦探小说来。"

"太了不起了！"柯南·道尔叫起来，他很惊奇在意大利会碰到第二个"福尔摩斯"。他习惯地问一句："你还看到其他什么痕迹没有？"

"没有，没有别的，除了在你皮箱上我还看到你的名字外。"

司机故意卖关子，让柯南·道尔误以为他是第二个"福尔摩斯"。然后，司机再出乎意料地解释，造成强烈的幽默感。

4. 巧设悬念

当你叙述某件趣事时，不要急于显示结果，应当沉住气，给听众营造一种悬念。假如你迫不及待地把结果讲出来，或通过表情动作的变化透露出来，幽默便就会失去效力，只会让人感到扫兴。

美国有个倒卖香烟的商人到法国做生意。一天，他在巴黎的一个集市上大谈抽烟的好处。突然，从听众中走出一位老人，径自走到台前，那位商人吃了一惊。

老人在台上站定后，便大声说道："女士们，先生们，对于抽烟的好处，除了这位先生讲的以外，还有三大好处哩！"美国商人一听这话，连连向老人道谢："谢谢您了，先生，看您相貌不凡，肯定是位学识渊博的老人，请您把抽烟的三大好处当众讲讲吧！"

老人微微一笑，说道："第一，狗害怕抽烟的人，一见就逃。"台下听众一片轰动，商人不由得心里暗暗高兴。

"第二，小偷不敢偷抽烟者的东西。"台下听众连连称奇，商人更加高兴。

"第三，抽烟的人永不老。"台下听众惊诧不已，商人更加喜不自禁，听众中要求解释的声音一浪高过一浪。

老人把手一摆，说道："请安静，我给大家解释！"

商人格外振奋催促老人快说："老先生，请您快讲！"

"第一，抽烟之人驼背的多，狗一见到他认为是在弯腰拾石头打它，能不害怕吗？"台下听众笑出了声，商人心里一惊。

"第二，抽烟的人夜里爱咳嗽，小偷以为他没睡着，所以不敢去偷。"台下听众一阵大笑，商人大汗直冒。

"第三，抽烟人短命，所以没有机会衰老。"台下听众哄堂大笑。此时，大家发现商人不知什么时候溜走了。

这则故事一波三折，层层推进，老人在把听众的胃口吊得足够"高"时，才不慌不忙地把真实意思表达出来。这就是巧设悬念的魅力。

在与别人交往时难免会发生一些摩擦。如果此时从容地开个玩笑，紧张的气氛就能得以缓解，对方还会被你的魅力所吸引，被你宽广的胸怀所感动，最后真正乐意地接受你。

幽默是一种智慧的表现，它必须建立在拥有丰富知识的基础上。一个人只有具备审时度势的能力、广博的知识，才能谈吐幽默，妙言成趣。因此，要培养幽默感必须不断充实自我，不断从浩如烟海的书籍中汲取幽默的智慧。

第二节　善用调侃，让自己获得好人缘

拥有好人缘，未必要比他人多付出艰辛，未必给他人多少好处。好人缘是在日常生活中通过各种方式不断沉淀和积累得来的，适当的调侃是获得好人缘的有效手段之一。

幽默是人的天性，没有人不向往愉悦的生活。当不如意时，会调侃的人更懂得如何调剂。当受到不公平待遇时，他们即使心情郁闷到极点，也会通过独有的幽默和调侃的语言给人传递快乐的信息。这样的人乐天且幽默，对生活充满激情，浑身上下洋溢着一种使人愉悦的气场。

在机关单位上班的老陈人缘极好，单位中无论是领导还是同事，只要提到老陈，没有人会说他不好。

老陈是个大胖子，行动不便，可是他从未因为胖而自卑。一次，办公室的同事们趁午休的空当闲聊，说到了"胖"这个话题。性格开朗的老陈对同事们说："你们信不信，其实我是个极具亲和力的男人。当在公交车上让座时，我完全能够让两位老人或三位身材苗条

的女士坐下。"老陈的一席话博得在座的同事哈哈大笑，这种轻松愉快的自我调侃表现出他非凡的亲和力。老陈的谈吐带来了轻松感，使交谈的氛围更加和谐融洽。

其实，适当的调侃不但能在日常社交中起着催化剂的作用，让你获得好人缘，还能帮你获得意想不到的收获呢！

紫欣是个性格挑剔而又感性的女孩，大学毕业后交往过几个男朋友，结果都无疾而终，这令家人和朋友都很不理解。在众人的期盼之下，紫欣终于宣布了自己即将结婚的消息！

结婚那天，紫欣的好多亲友都来了，看着她幸福的样子，好朋友们禁不住问她："你丈夫到底有什么好，能让你义无反顾地选择了他？"因为朋友们都知道，紫欣的丈夫并不是众多追求者中的佼佼者，他既不是最帅的，也不是最有能力的，而紫欣却毅然地接受了他的求婚。紫欣嫣然一笑，说道："其实没有什么特别的，只是和他在一起我觉得很快乐，无论遇到什么情况，他都能用他那恰到好处的幽默来逗我笑！"

原来如此。新郎以幽默的调侃赢得美人的芳心，"侃"到爱人，"侃"出好姻缘。

调侃可以带来正面效应，但不要就此认为只要是调侃都会收到理想的效果。适当的调侃的确可以为平淡的生活带来一份美意、一丝涟漪，让生活变得不无聊。但是，调侃千万不能过度、肆无忌惮的调侃会让人产生误会，更别说获得对方的好感和认可了。

所以，要掌握好调侃的度。调侃要分时间、场合，最重要的是要注意被调侃的对象，说话要分轻重，才能避免过度调侃而引发的不快。

第三节　将幽默融入意见中去

想要向别人表达不满又不想直接说时，我们可以将幽默融入意见中，这样既不伤人，又能达到预期的目的。

工作和生活中经常会出现有一些让人不能认同的做法，如果理直气壮地说出自己的想法，甚至略带指责的语气，那么对方不仅无法心悦诚服地接受你的意见，还会认为你咄咄逼人。此时不妨换个方式，将幽默融入你的意见之中。

当遇到令人不快的事情时，利用幽默来表达自己的意见，双方相互一笑，事情也就过去了。

杨小姐是一家餐厅的服务员，时常遭遇客人的刁难。

一天，餐厅来了一位挑剔的女士，点了一份煎鸡蛋，正好是杨小姐接待的。

女士对杨小姐说："我要的煎鸡蛋和别人的不一样，蛋白要全熟，但是蛋黄要生的。放少许盐，放少许胡椒粉。最重要的是，鸡蛋一定要是乡下散养的柴母鸡刚刚下的新鲜鸡蛋！"

杨小姐听过她的诸多要求后，她没有用不满的语气提出意见，而是说："您提出的这些要求我都记下了，但是对于您所要求的那只下蛋的母鸡我还要确认一下，它的名字叫小美，您看合适吗？"

故事中，杨小姐没有直接表达她对这位挑剔女士所提的苛刻要求的不满，而是顺着对方的思路，提出了一个更不符合逻辑的可笑问题来提醒对方：她的要求实在是过分，根本无法满足。

杨小姐所说出的任何一个字都没有伤及对方，这样不但提出了意见，也维护了女顾客的自尊。

试想，在这种情况下，那位挑剔的女士还会因为对母鸡的名字的不满而继续挑剔吗？

第四节　婉言曲说成幽默

有些事直接发表自己的见解不太合适，容易让人误解或不愉快，婉言曲说是很好的方法，而且这种婉言曲说不同于修辞格里的委婉修辞方法，它是形成幽默的一种语言艺术。

王麻子是个极爱占小便宜的人，常常在别人家白吃白喝，吃完了上顿等下顿，住了两天住三天。一次，他在一朋友家里吃了三天后，问主人道："今天弄什么好吃的呀？"

主人想了想，说："今天我们弄麻雀肉吃吧！"

"哪来那么多麻雀肉呢？"

主人说："先撒些稻谷在晒场上，趁麻雀来吃时，就用牛拉上石磨一碾，不就得了吗？"

这个爱占便宜的人连连摇手说："这个办法不行，这样还不等石磨过来，麻雀早就飞跑了。"

主人一语双关地说："麻雀是占惯了便宜的，只要有了好吃的，怎么碾（撵）也碾（撵）不走。"

现在我们谈论的"婉言曲说"的幽默法，可以说是"婉曲"的变格，它是说话人故意把所要表达的本意绕个圈子曲折地说出来，利用婉言来达到幽默效果。

克诺先生来到一个陌生的城市，走进一家小旅馆，他想在那儿过夜。

"一个单间带供应早餐要多少钱？"他问旅馆老板。

"不同房间有多不同的价格，二楼房间 15 马克一天，三楼房间 12 马克一天，四楼 10 马克，五楼只要 7 马克。"

克诺先生考虑了几分钟，然后提起箱子就走。

"您觉得价格太高了吗？"老板问。

"不，"克诺回答，"是您的房子还不够高。"

一般说来，幽默应避免敌意和冲突，否则，幽默就会被减弱或者消失。从这个意义上讲，婉言曲说最适合构成幽默。

一个法国出版商想得到著名作家的赞扬，借以抬高自己的身价。他想，要得到一个大人物的好感，必须先赞扬赞扬他。

这天，他去拜访一位知名作家。他看到作家的书桌上正摊着一篇评论巴尔扎克小说的文章，便说："啊，先生，您又在评论巴尔扎克了。的确，多少年来，真正懂得巴尔扎克作品的人太少了，算来算去，也只有两个。"

作家一听就明白了出版商的意图，便让他继续说下去。"这两个人，其中一个是您了。可是还有一个呢？您说，他应当是谁？"

作家说："那当然是巴尔扎克自己了。"

出版商顿时像泄了气的气球，悻悻离去。

出版商想求得知名作家的赞扬，专门登门拜访。作家呢，不好直接拒绝，就婉言曲说。出版商把世间懂巴尔扎克作品的人确定为两个，一个，他自然要送给作家；另一个，他是给自己预备的。由此，出版商一直沿着自己的设计和思路，烘托着一种氛围——他期待着作家的赞扬，让作家指出他是懂巴尔扎克作品的人。

作家并不回绝对方的话，但是他有意漠视对方的"话外音"，一句答话，让对方的期待栽了个大跟头，作家回答，另一个懂巴尔扎克的人是巴尔扎克自己。于是对方没戏可唱，只好散场。

凡有大成就者，向来都是舌吐方圆的专家，他们不仅仅专长于自己的一份事业，而且在待人接物上有着独到的迂回之术，他们能够在让人发笑的过程中不知不觉加入自己的观点。

著名的法国钢琴家乌尔蒙，年轻时，他弹奏拉威尔的名曲《悼念公主的孔雀舞曲》，节奏太慢，正在听他弹奏的拉威尔忍不住地对他说："孩子，你要注意，死的是公主，而不是孔雀。"

在这里，拉威尔将公主与孔雀出人意料地联系起来，使人们惊奇，并在笑声中意会到拉威尔话语的真正含义。

拉威尔对乌尔蒙的演奏"节奏太慢"，并不是采取直接批评的方式，而是采用婉转的暗示："死的是公主，而不是孔雀。"这样，演奏者首先需要回味一下，拉威尔的话到底是什么意思？弄清楚了，便意识到自己处理作品中的失误。应该加快速度，快到什么程度呢？拉威尔的话给了提示，是孔雀舞曲。演奏者的脑海中定会浮现出美丽的孔雀翩翩起舞的英姿。拉威尔的旁敲侧击,使乌尔蒙明白了自己的毛病所在。

　　一群人围在伦敦白厅前,中间躺着一个小男孩,蜷缩在地,痛苦地呻吟着。原来他吞了一枚 10 英镑的硬币到肚里。围观的人眼看孩子痛得不行了,都急得不知如何处置。这时,从人群中走出一位先生,他走到小孩身边,抓住小孩的腿,把他倒提起来,猛力地摇晃了几下,忽然听到"呼"的一声,那枚硬币从小孩子的嘴里喷了出来。围观的人舒了一口气。
一位旁观者问那位先生:"你是医生吗?"
"不!"那人回答,"我在税务局工作,叫花子见到我都逃。"

　　此幽默令人开怀,把税务局抠钱的本领夸张得无以复加。
　　幽默是一种高超的语言艺术,这种艺术是在婉言曲说中产生的。说话直愣的人不可能创造出幽默。按部就班,一是一,二是二,实说实,虚说虚,没有任何的发挥就不可能碰撞出幽默的火花。

第五节　拿自己开玩笑

　　犯了错误或者身陷尴尬境地时,不妨自我嘲笑一下,你的失误将随着笑声消失,而你也在他人的心中留下了豁达可爱的形象。

　　如果你有风趣的思想,轻松地面对自己,你便会发现可以原原本本地接受自己的身高、体重或其他身体特征;你也会发现幽默能帮你以新的眼光去看你对经济的忧虑。也许你无法得到真诚的爱,但你能使人际关系温暖和谐——与人分享欢乐，甚至和仅仅有一面之缘的人也会有很好的关系。

自嘲是自己对自己幽默，是消除自己在沟通中胆怯的良方。

自嘲是运用戏谑的语言，向别人暴露自身的缺点、缺陷与不幸，说得俗一些，就是把脸上的灰指给对方看。

自嘲也有着独到的表达功能以及实用价值。

苏格拉底的妻子是位有名的泼妇，一次苏格拉底正同朋友们谈话时，他的妻子突然冲进书房大骂苏格拉底，并随手将脸盆中的水浇在苏格拉底身上，把他全身都弄湿了。正当大家感到尴尬万分之际，苏格拉底笑了笑说："我就知道，打雷之后，必有大雨下来。"

正如人们喜欢谈论一些关于别人的笑话一样，在适当的时候，也可以拿自己开开玩笑，要善于自嘲。

美国著名的律师乔特是最善于讲关于自己笑话的人。有一次，哥伦比亚大学的校长蒲特勒在请他做演讲时，曾极力称赞他，说他是"我们的第一国民"。

这实在是一个卖弄自己的绝好机会。他可以自傲地站起来，一副得意扬扬的神气，仿佛是要对听众说："你们看，第一国民要对你们演讲了。"

但是聪明的乔特并没有如此。他似乎对这种称赞充耳不闻，却转而调侃自己的"无知"。这种自嘲很快博得了听众的好感。

他说："你们的校长刚才偶然说了一个词，我有点听不太懂。他说什么'第一国民'，我想他一定是指莎士比亚戏剧里的什么国民。我想，你们的校长一定是个莎士比亚专家，研究莎士比亚很有心得，当时他一定是想到莎士比亚了。诸位都知道，在莎氏的许多戏剧中，'国民'不过是舞台的装饰品，如第一国民、第二国民、第三国民，等等。每个国民都很少说话，就是说那一点点话，也说得不太好。他们彼此都差不多，就是把各个国民的号数彼此调换，别人也根本看不出有什么分别的。"

这实在是一种非常聪明的方法，它使自己与听众居于同等的地位，拉近了与听众的距离。他不想停留在蒲特勒所抬举的高高在上的地位上。如果他换一种说法，用庄重一点的言辞，比如，"你们校长称我为第一国民，他的意思不过是说我是舞台上的一个无用的装饰品而已。"虽然表达的意思一样，但是不能把那种礼节性的赞词变为轻松的笑话，也绝对不会取得那样的效果。

无论是在一帮很好的朋友中，还是在一大群听众中，能够想出一些关于自己的笑话，适当地自嘲，是赢得别人尊敬与理解的重要方法，远远要比开别人玩笑重要得多。拿自己开开玩笑，可以使我们对世事抱有一种健全的态度，因为如果我们能与别人平等地相待，就可以为自己赢得不少的朋友。相反，如果我们为炫耀自己是怎样的聪明，而拿别人开玩笑，以牺牲别人来抬高自己，那我们一生一世也难以交到一个朋友，更不用说距离成功有多遥远了。

成功的人士从不试图掩饰自己的弱点，相反，有时他们会拿自己的弱点开开玩笑。而现实生活中，我们却经常遇到一些专喜欢遮掩自己弱点的人，他们也许脸上有些缺陷，也许所受教育太少，也许举止粗鲁，他们总要想出方法来掩饰，不让别人知道。但这样做，他们于无形中背弃了诚恳的态度，毫无疑问，与之交往的朋友会对他们形成一种不良的印象，使人们不敢再与他交往。

世界上最不幸的就是那些既缺乏机智又不诚恳的人。很多人自以为很幽默，经常拿别人开玩笑，处处表现出小聪明，结果弄得与他交往的人不敢再信任他，以前的朋友也会敬而远之，纷纷躲避。

适当地拿自己开开玩笑吧，这不仅是一种机智，更是驱散忧虑、走向成功的法宝。

第六节　用幽默巧解纠纷

幽默而风趣的语言能使当事人体会到说话者的温和及善意，拉近人与人之间的距离，进而化解纠纷。

人与人之间发生争吵在所难免，一旦有了纷争，即使认为自己在理，也应避免过分地数落、指责别人。这时，最好的方式是用调侃、幽默的语言，浇灭对方的怒气，化解纠纷。

妻子虚荣心很重，当夫妻商量出席友人的婚礼时，她缠着丈夫要买一种昂贵的花帽。此时家里正闹经济危机，丈夫自然不答应花这笔钱。争吵中妻子赌气地说："你看人家小金的爱人多大方，早就给自己的夫人买了这种花帽，哪像你，小气鬼！"

丈夫不愿争论，只是故意夸张地说："可是，她有你这样漂亮吗？我敢说，她要是也有你这么美，根本就不用买帽子装饰了，你说是吗？"妻子一听笑了，一场争吵也随之止息了。

善用幽默而风趣的语言可以化解纠纷。面对剑拔弩张、针锋相对的当事人，自然得体的风趣言语，往往能调节紧张气氛，避免矛盾激化。

一对中年夫妇婚后近十年双方关系一直不错。但最近在社交应酬问题上，两人发生了矛盾，谁也说服不了谁，面临着离婚的危机。在领导和亲朋好友的劝导和说服下，两人终于心平气和地坐下来相互"交心"，但谁也不愿公开认错，最后还是男方终于先开了口，说："我们是在斗争中求团结、求生存、求发展的。今天，能进入这样一个和平民主、共同协商的新阶段，是我们双方努力的结果，是大家积极促成的结果，它实在来之不易啊！"女方就势接过话头说："是啊！正因为它来之不易，所以我们要倍加珍惜今天这个安定团结的大好局面！"夫妻两人就这样在亦庄亦谐、妙趣横生的对话中言归于好了。

采用幽默的方式把话说出来，能够缓和当事人心中的不满和现场剑拔弩张的气氛，使其较容易接受幽默的劝解，大事化小，小事化了，矛盾纠纷便可以迎刃而解了。

第七节　让幽默为你的友谊添彩

如果朋友之间能够说说笑笑，用幽默话彼此调侃，友谊自然更富色彩。

家人天天见面，天天交流，相比较朋友不常见面，不常交流，但若每次交流、每次相见，都相谈甚欢，这样的友谊更能持久。

苏轼和黄庭坚是一对以诗文闻名于世的好朋友。有一次，他们一起讨论书法，苏轼说："您近来的字虽愈来愈劲道，不过有的地方却显得太瘦硬了，几乎像树梢绕蛇啊！"说罢大笑。

黄庭坚说："师兄批评一语中的，令人折服。不过，师兄的字……"

苏轼忙说："你干吗吞吞吐吐，怕我受不了吗？"

黄庭坚于是大胆说道："师兄的字，铁画银钩，遒劲有力，然而，有时写得就像是石头压住的蛤蟆。"语音一落，两人都笑得前仰后合。

苏轼和黄庭坚两人在谈笑间互相磨砺，互相促进，增进了友谊。

朋友之间有矛盾是在所难免的，一旦双方产生了矛盾，开个玩笑，说句逗趣的话，比一本正经说道理更强。

老王和老张是一对好朋友，最近由于误会而产生了隔阂断绝了往来。有一天，老王跑到老张家，进门便说："老张啊，我今天是来唱'将相和'的。"老张感到很不好意思，忙接过话头说："要唱'将相和'也该我'负荆请罪'啊！"两人在笑声中握手言欢。

试想，老王与老张若不用这种说笑式交谈，那么要驱除两人心中的隔阂则不知要费多少口舌，而且效果未必有这么好。

伶牙俐齿，日常交往中
必学的应酬话

第一节　说好皆大欢喜的祝贺话

当亲朋好友遇到大喜事时，我们都会表示祝贺。但倘若我们胡乱祝贺，没有说好祝贺话，那我们的"热心"换来的很可能是对方的"白眼"。

祝贺是人与人之间交往的一种礼仪。每当我们遇到人生中的大喜事，如婚姻嫁娶、生儿育女等，亲戚、朋友都会通过某些方式表达祝贺。祝贺时要注意仪表端庄，举止适度，祝词应视对象、场合和内容而定。祝贺送礼要注意三点：

第一，男女之间不可送贴身衣物。

第二，除非对病人，一般不要送药物。

第三，送礼只是表示友情，并不是显示阔气，要量力而行，适可而止。切忌互相攀比，耗财伤情。

从语言表达的形式看，祝贺语可以分为祝词和贺词两大类。祝词是指对尚未实现的活动、事件、功业良好的祝愿和祝福之意，比如重大工程开幕、展览会剪彩要致祝词，前辈、师长过生日要致祝寿词，参加酒宴要致祝词，等等。贺词是指对于已经完成的事件、业绩表示庆贺的祝颂，比如毕业典礼上，校长对毕业生致贺词；婚礼上亲朋好友对新郎新娘致辞；对同事、朋友取得重大成就或获得荣誉、奖励致贺喜词，等等。祝贺要注意以下几点：

1. 情景性

祝贺一定要考虑到特定的环境、特定的对象、特定的目的，使之具有明确的针对性，因为祝贺一般是在特定的情景下进行的。

鲁迅有篇散文叫《立论》，讲到这样一个故事：一家人家生了个男孩，合家高兴透顶。满月的时候，抱出来给客人们看，大概自然是想得到一点好兆头。一个说："这孩子将来要发大财的。"他于是得到一番感谢。一个说："这孩子要做大官的。"他于是收回几句恭维。另一个说："这孩子将来是要死的。"他于是得到大家合力的痛打。

在这个故事中，这个说孩子将来是要死的人，他的话从理论上来说是没有错误的，可是不适合此种情景。因此惹人厌恶。不顾当时的特定情景，讲不合时宜的话会招人唾弃。

祝贺总是针对喜庆之事，因此，不应说不吉利的话，应讲使人快慰的话。

2. 情感性

祝贺语要达到抒发感情，增进友谊的目的，必须有较强的感染力，因此要求语言富有感情色彩，语气、语调、表情等都要掺杂情感。

3. 简括性

祝贺语简洁有力，才能产生强烈的感染力。

有些祝词、贺词是人们的临时发挥，但必须紧扣中心，点到为止，给听众留有回味。

某人主持婚礼。婚礼一开始，主持上前致辞：

我今天接受爱神丘比特的委托，为这对爱人主持婚礼，十分荣幸。新郎新娘交换礼物。新郎为新娘戴上金戒指，新娘送给新郎英纳格手表。黄金虽然贵重，不及新郎新娘金子般的心；英纳格手表虽计时准确，也不及新郎新娘心心相印永记心间。

主持人的即兴贺词，得体而又热情，简洁而明快，博得了阵阵掌声。

4. 礼节性

祝贺词一般需站立发言，称呼要恰当。不要看稿子，双目要根据讲话内容时而致礼于祝贺对象，时而含笑扫视其他听众，要同听者做有感情的交流。

第二节　应酬时要有的话语储备

在社交场合，为了使自己的语言更具有说服力，我们不仅要针对不同的应酬储备相应的话语，还要学会巧妙地运用。

在社交活动中，最主要的事情就是"说"，即用语言去表述自己的观点。因此，掌握好说话技巧，让语言更具说服力，就得储备些具有征服力的词汇，并巧妙地运用，以达到说服的目的。一次成功的社交，是绝对离不开具有说服力的语言的。

很多人之所以成功，很大程度上是因为善于辞令。在人际交往中，第一印象显得非常重要，而口才好的人很容易给人留下良好的第一印象，优雅的谈吐可以使自己广受欢迎，更有助于事业的成功。

无论在什么样的场合，你用词简洁、表达清晰，再加上抑扬顿挫的语调，就能够吸引听众、打动他人。如果你善于辞令，再加上优雅的举止，在任何场合都会受到欢迎。从而，这也可能成为你的秘密武器，能在不经意中助你成功。

拥有远大理想的人们，应该掌握谈话的技巧，提高驾驭语言的能力，在各种场合，做到谈吐优雅、应对自如、从容不迫。

不管你有什么梦想，首先必须掌握驾驭语言的能力，拥有让人羡慕的好口才。你也许不会成为律师或商界精英，但你每天都要说话，也就必然要借助语言的独特力量。要培养这方面的能力，就要研究修辞，尽力增加自己的词汇量，随时查阅工具书，注重平时的积累。如果你思想贫乏、词汇量少、阅历有限，是无法做到谈吐优雅、口才出众的。

语言表达能力是一个人综合能力的反映，从中可以看出他的才能、阅历和修养。不管他思维敏捷、条理清楚，还是思想懒散、不求上进，不管他治学严谨还是做事马虎，都能从语言中看出来。

在国会参议员竞选中，林肯与种族歧视者道格拉斯展开了辩论，林肯说："我想，耶稣基督并不真正渴望任何一个凡人能和天父一样完美，但是他说：'由于你天上的父是完美的，但愿你也完美。'他把这个树立为标准，谁尽最大努力达到这个标准，谁就达到了道德完美的最高境界。所以我们要尽可能实现'人人生而平等'这个原则。即使不能给予每个人自由，至少不要做奴役人的事情。让我们的政府回到宪法制定者们最初安放的轨道上来吧！让我们把所有关于某个人或某个种族因为劣等所以必须受歧视的诡辩统统扔掉吧！让我们扔掉这一切，在这块土地上团结得像一个民族，直到我们再一次站起来宣布：人人生而平等！"

一个健谈者会表现出各方面的素养：判断准确、思维敏捷、机智灵活、精力集中等等。健谈者还必须慷慨大度、心胸开阔。在交谈时，他充满爱心，不随意公开别人的缺点与不足，不触及对方的难言之隐，对听者表现出强烈的兴趣，而不是用语言来伤害对方。善于辞令者会表现出丝丝入扣的分析能力、缜密的逻辑推理能力，有自己的独到见解。

在谈话前做好充分的准备，才能增强自己的自信心，才能拥有一种感染力。因此，平时就要加强语言储备。

第三节　餐桌上会说话，感情上好沟通

餐桌是交流感情、拉近彼此距离的重要场所，聪明的人在餐桌上要巧说话，借由请客吃饭沟通感情，拉近彼此之间的距离。

无论在哪个国家，参加宴会绝不只是为了吃东西，而是交流。那么餐桌上应当怎样说话呢？

在正式用餐之前，主人会先招待客人喝点餐前酒，吃些小点心，一方面开开胃，另一方面也可等到客人来齐了再上桌。这是你与其他客人建立联系、交流信息的最佳时刻！不妨趁此机会主动与其他人交流，帮助主人照顾好别的客人，使聚会的气氛更加活跃。

在一场由营销业人士参与的宴会上，幽默的宴会主持人说："我们得先规划一下市场，大家千万不要喝出状况了，请各位先对自己做好定位啊！"宴会上少不了做自我介绍，刘先生第一个开口："我来做一下前期炒作吧！"老朋友李先生也站起来："来来来，我们做个联合炒作，一起推销吧！"其他人一听，乐了："你们蛮会做关系营销嘛！不过，可千万别搞恶性竞争啊！"

并非每个人都有新闻发言人那样的口才，也不可能"上知天文下知地理"，所以在与人交流时，难免会遇到答不上来的问题，这时不要感到难为情，也不要不懂装懂，应该先弄清楚对方的意图，然后尽你所能地帮助对方解疑释惑。

不管是商业交流，还是朋友聊天，都要注意语言表达的得体。同时，要尽量使自己的语言表达具有幽默感，营造一个和谐、轻松、愉悦的氛围。

第四节　礼尚往来不可说错的祝福语

逢年过节都要送礼，如果送礼时能够辅助一些恰当的祝福语，那么我们所送的礼将更有分量。

中华民族是礼仪之邦，送礼对中国人来说是一件再平常不过的事情了。但是，送礼有讲究，送礼的时候也要说对话。在与人交往时，赠送他人一些小礼物，既能营造出和谐的气氛，又显示出对他人的尊敬之情。

朋友过生日、结婚、设宴请客，主人邀请你参加时，都应备些适宜的、有纪念意义的小礼品。朋友的生日，送上一束鲜花，或是其他象征友谊天长地久的礼品，或是生动有趣的小工艺品等，会使他分外高兴，这些小礼品代表了你的祝福而显得格外珍贵。

在送礼物时，应了解对方的生活习惯、喜好，要了解对方的心理特点。这样就可以避免因送错礼物的尴尬。

送的礼物，并不一定以价值的高低作为标准，只要让主人高兴就好。具有特色的礼物是很好的礼物，因为人人对新鲜事物总有着好奇之心。

送礼是讲究方法与技巧的。送的方法得当，会皆大欢喜；送得不好，让人挡回，触了霉头，定会堵心数日。所以，只有巧妙掌握送礼的技巧，才能把整个送礼过程画上一个圆满的句号。

1. 锦上添花

小李受老师恩惠颇多，一直想报答老师，却没有机会。一天，他偶尔发现老师红木镜框中的字画竟是一幅拓片，跟屋里雅致的陈设不太协调。正好，他的叔父是全国小有名气的书法家，家里正有叔父赠的字画。小李马上把字画拿来，主动放到镜框里。老师不但没反对，而且喜爱非常。

2. 移花接木

老张有事委托小刘去办，想送点礼物疏通一下，可是又怕小刘拒绝驳了自己的面子。老张的爱人与小刘的对象很熟，老张便让夫人帮助，让爱人带礼物去拜访，对方礼也收了，事也办了，两全其美。

3. 借花献佛

如果你送的是土特产品，可以说是老家捎来的。一般来说，对方会欣然收下你的礼物。

4. 暗度陈仓

如果你送给朋友的是酒水，不妨避谈"送"字，就说是自己今天是来和朋友对饮共酌，请他准备点菜。这样喝一瓶送一瓶，礼也送了，关系也近了，还不露痕迹，岂不妙哉。

5. 异曲同工

有时送礼并不一定花钱去买，然后大包小包地送去，在某种情况下人情也是一种礼物。比如，你能通过一些关系买到出口转内销、出厂价、批发价、优惠价的东西，当你为朋友同事在拿到东西的同时，已将你的那份"人情"当作礼物收下了。

第五节　殡葬场上巧说安慰人的话

丧葬场合是气氛低迷的场合，家属的心情更是悲痛，在丧葬场合说好安慰人的话十分重要。

关怀及安慰对于亡者的亲属很必要，一些过当的举动例如号啕大哭应避免，在措辞上也应注意，慰问语一般可以说："这次事情真令我悲痛，请节哀顺便。""这次事情太突然了，请保重身体。"

丧事时忌讳使用"死""惨"等让人联想到不幸的词汇。葬礼会场是肃穆的，吊唁者言辞应收敛，高谈阔论、嬉笑打闹都是对亡者及家属的不敬。说话压低声音，举止轻缓稳重，才能显出你的诚意和风度。除了说话，葬礼上还须遵守以下一些礼仪：

1. 参加葬礼的服装要求

各个国家在丧礼的具体形式上，根据死者生前的宗教信仰不同而有不同的规矩。但是无论怎样，如果应邀参加丧礼，女性应穿深色正式服装，内穿白色或暗色衬衣，不可穿红戴绿，不用花手帕，切忌浓妆艳抹。不戴鲜艳的围巾，尽量避免佩戴饰物，如需要可考虑白珍珠或素色饰品，避免佩戴黄金。

2. 葬礼致意的礼数

接到"讣告"的亲友熟人，可以写唁函、发唁电以示哀悼。

送花可在葬礼举行前，通过葬礼承办人或花店办理。送花时，应附上写有悼唁字句或"献给×××"字样的飘带，并附有赠花者的姓名，要注意外国习惯不用纸花。也有的人写挽联、诗或文章以纪念死者。很亲近的亲友可以登门吊唁，并帮助家属治丧。但如死者的亲人不愿接见亲友，则不用登门致哀。

非宗教性的葬礼，常常就在公墓的礼堂或墓地举行。葬礼应始终保持庄严肃穆的气氛。人们深思默祷，向死者沉痛致哀。在西方参加葬礼不会号啕大哭，不要过分流露悲伤，因为那会增加死者亲属的悲痛。同死者家属握手时，可以不说话，也可以低声说几句表示悼唁和慰问的话，如"请节哀""多保重"等。在葬礼进行时，不要目不转睛地注视着哀伤的死者亲属。吊唁者不可三五成群，窃窃私语，不可漫不经心，东张西望，行礼时动作要真挚自然。

第六节 "无功不受禄"，请客要找好理由

请客的理由也五花八门，生日、乔迁、工作调动、开业典礼等都能成为请客的理由，但是，找一个好理由宴请别人也是最重要的。

中国有句古话叫"无功不受禄"。请别人吃饭一定要找个合适的理由，恰当的宴请能大大拉近人与人之间的距离，从而提高办事的成功率。如果对方能欣然赴宴，那么求他办的事也就等于成功了一半。

根据办事的性质、对象而采取不同的邀请方式。如大多数学者、

专家等，工作忙、时间紧，公开邀请，甚至借助传播媒介，既能显得公正无私、光明磊落，又有利于引起关注、促进宣传、扩大影响。

对别人发出邀请，可以开门见山，例如，当你想邀请上级领导吃饭时，可以直接说："请问是徐经理吗？我们现在在某某酒楼吃饭，过来认识几个朋友吧，我们等你来啊。"这种方式自然亲切。或者采用借花献佛式，例如，"陈工！今天获奖名单公布了，我中奖了！走吧，我们去庆祝庆祝！"然后在酒宴上再提自己求他所办之事，那时候他酒都喝了，哪好意思不帮你？喧宾夺主式，例如，"哦！你中午没有时间啊？没有关系，这样吧，下午我去订个位置，然后晚上你带上家人，我们一起去吃怎样？晚上我给你电话！"这样发出的邀请，别人就很难再推辞。你也就有了接近对方，求其办事的机会。

请客的理由五花八门，生日、乔迁、工作调动、开业典礼等都能成为请客的理由，其中，找一个好理由宴请别人是最重要的。

第七节　宴会结尾细节决定成败

当宾客离去时，宴会主人应像迎接宾客一样站在门口与他们一一握别。

俗话说："编筐编篓，重在收口。"宴会也不例外。宴会虽然结束了，但并不意味着你就可以完全放松下来，还有好多细节性的事情需要注意，才能让你的好形象留在宴请对象的心里。有很多人就是因为不重视宴会结束时的小细节，使得自己之前费尽心思保持的好形象瞬间崩溃，公关办事也变得一波三折。

那么，宴会结束时应该注意哪些细节呢？

1. 宴会结束的时间

一般来说，当主人把餐巾放在桌子上或者从餐桌旁站起身来，即表明宴会结束。只有看到这种信号以后，宾客才可以把自己的餐巾放下，站起身来。

正餐之后酒会的告辞时间按常识而定，如果酒会不是在周末举行，那告辞时间应在晚间 11 点至午夜之间。若是周末，则可晚一些。除非客人是主人的亲密朋友，否则都不应该在酒会的最后阶段还坐在那里。

2. 离席的先后顺序

当宴会结束，离开餐桌时，不应把座椅拉开就走，而应把椅子挪回原处。男士应该帮身边的女士移开座椅，然后再把座椅放回餐桌边。要注意，有些餐厅比较拥挤，贸然起身，或使手提包、衣服等掉落在地上，或碰到人，打翻茶水、菜肴，失礼又尴尬！离席时让身份高者、年长者和女士先走，贵宾一般是第一位告辞的人。

3. 热情话别

当宾客离去时，宴会主人应像迎接宾客一样站在门口与他们一一握别，挥手互道晚安，并应致意说："非常感谢各位的光临，真谢谢你们把宴会的气氛维持得这样好。"不要以时间过早为由挽留客人，如果是星期天晚上，你尤其不宜说："现在还早得很，你绝不能这么早走，太不给我面子了！"要知道多数人次晨都要早起。对于迟迟还不离去的客人，他们明显地热爱这气氛，这时你可停止斟酒或停止供糖果瓜子等，以此暗示客人该是离去的时候了。

有的主人为每一位出席者备有一份小纪念品。宴会结束时，主人招呼客人带上。除主人特别示意作为纪念品的东西外，各种招待品，包括糖果、水果、香烟等都不能拿走。

CRUCIAL CONVERSATIONS

第五章

言语得体，人际交往中绝
不该说的禁忌话

第一节　言行一致，说话不要口是心非

要做个真诚的人，言行一致，待人诚实，不要两面三刀。

今天的人们有一种普遍的心理：不信任。原因之一大概是生活中"口是心非"的人太多了。口是心非，毫无疑问，就是表面上说得天花乱坠，而内心全非如此；嘴里说着对你的赞誉之词，而内心则是恶毒的诅咒……试想，如果长期生活在这些人当中，吃过几次亏之后，不论是谁都会增强戒备之心，对他的话产生怀疑。但是，如果每个人都变成了这样，都像戴着一副面具交往，生活还有什么意思呢？人与人之间的真诚、友爱都到哪里去找呢？所以，我们要去扭转这个局面，要学会真诚，切不可做个口是心非的人。

口是心非的人最善于钩心斗角，他每天都在考虑如何表面上应付别人，行动上又如何去算计别人。与这种人为伍非常危险。因为你不知道他心里到底是怎么个想法。在文学史上，《伪君子》中的答尔丢夫就是口是心非的典型代表，他已成为"伪善、故作虔诚的奸徒"的代名词。他表面上是上帝的使者、虔诚的教徒，而实际上是个色鬼，是个贪财者；他表面上对奥尔贡一家恭维，而实际上则用最卑鄙的手段去谋害这一家人。可以说他是个表面上好话说尽，实际上则是坏事做绝的最无耻、最卑鄙的小人。而他最终的结局呢？他的这一套无耻的手段终于被人识破了，西洋镜最终被人揭穿，答尔丢夫成了万人唾弃的小人。他整天苦心于算计别人，最终把自己推进了万丈深渊。

口是心非与虚伪可以说是等同语。口是心非的人为了掩饰自己内心的想法，必然要用谎言去应付别人。谎言说多了，被别人识破了，他也就成为了一个虚伪的人。一旦你在别人的心目中是个虚伪的人，那你的生活将是很痛苦的，到处是不信任的眼光，到处是不信任的口吻，那滋味会非常难受。

总的来说，做伪事说谎话、口是心非大概出于以下几种目的：其一是为了迷惑对手，使对方对自己不加防备，以便达到目的；其二是为了给自己留一条退路，这也是为了保全自己，以便再战；其三，以谎言为诱饵，探悉对手的意图，这种人是最危险的。西班牙人有一句成语：说一个假的意向，以便了解一个真情。也许，这些目的有的不能算作太恶。但作为口是心非者，他需要随时提防被揭露，就像一只伪装成人的猴子一样，他要时刻防备被人抓住尾巴；口是心非者也最容易失去合作者，因为他对别人不信任、不真诚，别人也就以其人之道还治其人之身；在梦想成功的时候他却离成功越来越远。

因此，做人就要做个真诚的人，要言行一致，待人要诚实，不要两面三刀。林肯讲过："你能在所有的时候欺骗某些人，也能在某些时候欺骗所有的人，但你不能在所有的时候欺骗所有的人。"千万不要做一个口是心非的小人，在工于心计、算计别人中度过一生，而要坦诚地做人，用一颗真诚的心去对待别人，这样你说的话你做的事才能被人信任，才会有分量。

第二节　别人的短处不要随意谈论

如果别人向我们谈起某人的短处，我们也应该是听了便罢，不要深信这种传言，不必将此记在心中，更不可做传声筒。

金无足赤，人无完人；凡人皆有其长处，亦必有其短处。怎样在交谈中正确对待别人的短处，也是一门学问。

人有短处是一点也不值得奇怪。有的人是因为长久以来形成一种固有的生活方式，而其他人大都对此看不惯，这便成了他的"短处"；有的人在自己的生活与处事中的确有些微小的毛病，但这些毛病对他的整个对外交往是无足轻重的；有的人也许不是出于主观的原因而出现一些较严重的缺点，但他自己却全然无知；如此等等，不一而足。对待他人的短处，不同的人用不同方法。有的人在与他人的谈话中，尽量多谈及对方的长处，极力避免谈及对方的短处；也有的人专好无事生非，兴波助澜有声有色地编撰别人的短处，逢人便夸大其词地谈论别人的短处；有的人虽无专说别人短处的嗜好，但平时却对此不加注意，偶尔不小心谈到别人的短处。

用不同的方式对待别人的短处，所产生的效果截然不同。避免谈及他人的短处，容易与他人建立起感情，形成融洽的交谈气氛；好谈他人短处的人，最易刺伤他人的自尊心，打击人家某方面的积极性，还会引起他人的讨厌；不小心谈别人短处的人，虽无意刺伤他人，但很难想象人家怎样理解你的用意和对你所做出的反应，一般来说容易引起别人的误解与不满。由此可见，我们在与他人的交谈中，应该尽量避免谈论别人的短处。

如果别人向我们谈起某人的短处，我们也应该是听了便罢，不要深信这种传言，不必将此记在心中，更不可做传声筒。而且还要提醒谈论别人的短处的人是否对所谈的事情有所调查、确有把握。

人群相聚，都不免要找个话题闲聊。天上的星河，地上的花草；眼前的建筑，身后的山水；昨日的消息，今天的新闻，都是绝好的谈话内容。何必说东家长西家短，无事生非地议论人家的短处呢？作为一个有修养的人，一定要远离这种不道德的行为。

第三节　当心，说话无礼招人烦

但如果说话的人滔滔不绝而你又毫无兴趣，觉得不值得花费时间和精力去忍耐，就应该巧妙地停止他乏味的谈话，但千万注意，不可伤害对方的自尊心。

有些人喜欢翻来覆去地述说一件已经说过几次的事情，也有些人会把一个土得掉渣的笑话当成新鲜的笑料。作为一名听众，此时，就要练一练忍耐的美德了。不能对他说："这话你已经说过多次了。"这样会伤害他的自尊心。你唯一能做的就是耐心倾听，在心中想想他的记忆力不好，并真正同情他，而且他说话时充满诚意，你就用同样的诚意接受他的善意。但如果说话的人滔滔不绝而你又毫无兴趣，觉得不值得花费时间和精力去忍耐，就应该巧妙地停止他乏味的谈话，但千万注意，不可伤害对方的自尊心。最好的方法是不动声色地将话题引向对方在行而自己又感兴趣的内容。

与人交谈时，既要善于聆听对方的意见，也要适时发表个人意见。一般不提与话题无关的事；更不要左顾右盼、心不在焉；也不要漫不经心地看手表、伸懒腰、玩东西等表现出不耐烦。

在社交场合或与外宾谈话时，"见了男士不问钱，见了女士不问身"。不要径直询问对方履历、工资收入、家庭财产、衣饰价格等私人问题。与女士谈话不要说她长得胖、身体壮、保养得好等，对方不愿回答的问题不要追问，也不要追根问底。不慎谈到对方反感的问题时，应及时表示歉意，或立即转移话题。

与人交谈时要忘记自己，不要老是没完没了地谈自己的生活、自己的孩子、自己的事业。你要在交谈中给对方发表意见的机会，逗引别人说他自己的事情，同时，你以充满同情和热忱的心去听他的叙述，一定会让对方高兴，给对方留下最佳的印象。

另外，说话时，一定要注意用词，切忌尖刻难听。

说话尖刻的人，仍以伤人为快，这完全是一种病态的心理。之所以这样，也自有其根源，换句话说，就是环境带他走入歧途。第一，这种人有些小聪明，且颇以聪明自负，而一般人却不承认他聪明，因此他有怀才不遇之感；第二，这种人富有强烈的自尊心，希望别人都尊重他，偏偏却得不到别人的尊重，因此他仇视任何人；第三，仇视的心理一直郁积在心里，始终找不到释放的机会，他又不会自身修养，于是只有四处寻找发泄的对象。他认为人们都是可恶的，不问有无旧恨新仇，都伺机而动、滥放冷箭。

这种人只会失败，不会成功，在家里，即使父兄妻子等亲人也不会和他关系融洽；在社会上，最终会成为众矢之的。所以说，说话尖刻伤人情，最终也是伤自己。人都有不平之气。若觉得对方言语不入耳，不妨充耳不闻；若觉得对方行为不顺眼，不妨视而不见。不必过分计较，更不要伺机嘲弄、冷言冷语，甚至指桑骂槐。快语伤人并无裨益，谈话无"礼"惹人反感。

第四节　对上司的"痛处"讳莫如深

想得到晋升，就要处理好与上司的关系，就千万不要伤害上司的尊严，对上司的"痛处"做到讳莫如深。

俗话说：打人莫打脸，揭人莫揭短。如果你不顾别人的面子，总有一天会吃苦头。因此，一定不要在公开场合说别人尤其是上司的坏话，宁可高帽子一顶顶地送，也不要让他人丢了面子。

被击中痛处，对任何人来说，都不是件令人愉快的事。尤其是他人身上的缺陷，千万不能用侮辱性的语言加以攻击。在中国，有所谓"逆鳞"之说，据说在龙的喉部以下，约直径一尺的部位上有"逆鳞"，如果不小心触摸到这一部位，必定会将龙激怒。事实上，人都有"逆鳞"存在，就是我们所说的"痛处"，也就是缺点、自卑感。如果你不小心触及了对方的"逆鳞"，就会惹祸上身。

明太祖朱元璋出身寒微，做了皇帝后自然少不了有昔日的穷哥们儿到京城去找他。这些人满以为朱元璋会念在老朋友的情分上给他们封个一官半职，谁知朱元璋最忌讳别人揭他的老底，以为那样会有损自己的威信，因此对来访者大都拒而不见。

有位朱元璋儿时的好友，千里迢迢从老家凤阳赶到南京，几经周折才算进了皇宫。一见面，这位老兄便当着文武百官大叫大嚷起来："朱老四，你当了皇帝可真威风呀！还认得我吗？当年咱俩一块儿光着屁股玩耍，你干了坏事总是让我替你挨打。记得有一次咱俩一块偷豆子吃，背着大人用破瓦罐煮。豆还没煮熟你就先抢起来，结果把瓦罐打烂了，豆子撒了一地，你吃得太急，豆子卡在喉咙里还是我帮你弄出来的，你忘了吗？"

这位老兄还在喋喋不休唠叨个没完，朱元璋却再也坐不住了，心想此人太不知趣，居然当着文武百官的面揭我的短处，让我这个当皇帝的脸往哪儿搁。盛怒之下，朱元璋下令把这个人杀了。

"为尊者讳"，这是官场的一条规矩。一个人，无论他原来的出身多么低贱，有过多么不光彩的经历，一旦当上了大官，就不愿再让人提起以前那些不光彩的事。朱元璋的那位穷哥们儿却自以为与他有旧交，当众揭了皇帝的老底，触了"逆鳞"，岂不是自找倒霉吗？

在现实生活中，虽然上司不像朱元璋那样对人的性命造成威胁，但如果你想保住工作，想得到晋升，就要处理好与上司的关系，千万不要伤害上司的尊严，对上司的"痛处"要做到讳莫如深。

第五节　广结人缘，不在背后诋毁他人

当别人向你诉苦时，你应该既对他表示同情，又能置身事外，切不可随波逐流，诋毁别人。

公司里琐碎的事情比较多，这些事情看上去虽小，但若处理不当，可能会使你处于不利的境地。当你对同事或上司不满时，切不

可到处诉苦水，或背后诋毁别人。当别人向你诉苦时，你应该既对他表示同情，又能置身事外，切不可随波逐流，诋毁别人。否则，你会陷入人际关系混乱的境地，因为没有人敢和一个背后乱说坏话的人在一起，他们都觉得这样的人十分危险。

如果有的同事在你面前诋毁别人，更不要人云亦云，以讹传讹。为什么这么说呢？首先你要明白，你所知道的事情不一定确凿无误，也许还有许多隐情你不了解。要是你不假思索就把所听到的片面之言宣扬出去，难免会颠倒是非。话说出口就收不回来，事后你完全明白了真相时才后悔不迭，但此时已经在同事之间造成了不良的影响。

事实上，人与人之间的关系相当复杂，你如果不知内幕，就不可信口雌黄，以免招惹是非。

某公司企划科李某升为科长，同一间办公室坐了几年，平日不分高下，暗中竞争的同事成了自己的上司，总让人有那么一点酸酸的感觉。企划科李某的几个同事背后嘀咕开了："哼！他有什么本事，凭什么升他的官？"一百个不服气与忌妒就都脱口而出了，于是你一句我一句，把李某数落得一无是处。

王新是分配到企划科不久的大学生，见大家说得激动，也毫无顾忌地说了些李某的坏话，如办事拖拉、疑心太重等。可偏有一个阳奉阴违的同事，背后说李某的坏话说得比谁都厉害，可一转身就把大家说李某坏话的事说给了李某。

李某想：别人对我不满说我的坏话我可以理解，你王新乳臭未干有什么资格说我，从此对王新很冷淡。王新大学毕业，一身本事得不到重用，还经常受到李某的指责和刁难，成了背后说别人坏话的牺牲品。

人与人之间的关系本来就很复杂，特别是在公司里，几个人凑在一起闲聊，话匣子打开就很难合上。很多人因为把持不住说别人的坏话，而另一些人就会随声附和，甚至添油加醋地加以传播，那后果将不堪设想。

同事是工作伙伴，不是生活伴侣，你不可能要求他们像父母兄弟姐妹一样真正地包容你、体谅你。很多时候，同事之间最好保持一种平等、礼貌的伙伴关系，彼此心照不宣地遵守同一种"游戏规则"，一起把"游戏"进行到底。更多的时候，你需要去体谅别人。站在同事的角度替他们想一想，也许更能理解为什么有些话不该说，有些事情不该让别人知道。

只有很好地做到独善其身，才能使你广结人缘，不会被卷入是非的旋涡里，从而使你在公司里做到游刃有余，为自己创造更好、更和谐的工作环境。

第六节　有错就要及时道歉

每个人都免不了有犯错的时候，一旦错了，就需要道歉，只有如此才能避免更大的损失。

人非圣贤，孰能无过？但有人却认为承认错误是一件有失身份的事情，所以即使犯了错也不肯承认，遮遮掩掩，甚至当别人当面指出或提出的时候都不肯承认，更不要说道歉了。其实，与其等别人提出批评、指责，还不如主动认错、道歉，这样更易于获得谅解、宽恕。如果我们由于自身的孤傲和不安全感宁可让友情出现裂痕也不愿意说"我错了"这句话，那实在是愚蠢至极。

　　1755 年，在竞选弗吉尼亚州议员的辩论中，23 岁的上校乔治·华盛顿说了一些侮辱小个子对手——脾气暴躁的潘恩的话，对方当即用桃木拐杖把他打倒在地。站在一旁的士兵立刻冲上去，想为年轻的上校报仇，华盛顿本人却从地上爬起来阻止了他们，说他会处理好此事。

　　第二天，他写信给潘恩，邀请他在一家酒馆同自己会面。潘恩到达后，本以为华盛顿会要求他先表示歉意，然后与他进行决斗，谁料，华盛顿却先对他表示了歉意，并主动伸出和解之手。

　　一个人要承认自己的错误的确需要勇气。每个人都免不了有犯错的时候，一旦错了，就得道歉，只有如此才能避免更大的损失。而且说"对不起"的时候，眼睛一定要直视对方，只有这样才能传递出你的心意。如果一边做事一边道歉，或者用回避的方式，都表现不出你的诚意，无法让对方感觉到你是真的认识到了自己的错误。没有辩解的道歉才能让对方感觉你的心意，达到道歉的目的。

　　小伟在朋友的生日宴会上喝多了，将女主人最喜欢的一只花瓶失手打碎了，以小伟的经济实力赔不起这个花瓶。

　　为了表示自己的歉意，小伟挑选了一张精致的贺卡，写上自己的歉意：我知道我的行为给你们造成了困扰，也知道自己的行为是无法原谅的，请相信我绝对不是故意的，如果当时我没有喝醉，也就不会发生那种事情了，所以请接受我最真挚的歉意。

　　小伟将卡片亲手交到朋友手里，并带了一瓶朋友最喜欢的酒，不是为了赔偿那只花瓶，而是为了表示真诚的歉意。

　　小伟的这种道歉方式十分艺术，你也可以不直接说出"对不起"，而是像小伟这样用一张卡片或一份小礼物等，都可以表示歉意。最重要的是不要回避，一开始就要先承认自己的错误，而且道歉一定要有诚意。

　　真心实意的认错、道歉就不必强调客观原因、做过多的辩解。就是确有非解释不可的客观原因，也必须在诚恳地道歉之后再略为解释，不宜一开口就辩解不休。否则你对自己的错误是抱着抽象否定、具体肯定的态度，这种道歉不但不利于弥合双方思想感情上的裂痕，反而会扩大裂痕、加深隔阂。道歉需要诚意。如一方先主动表示歉意，就有可能打破僵局，化紧张为和谐，乃至化"敌"为友。要记住，真正的道歉不只是认错，同时也意味着承认自己的行为给对方造成的困扰，表示你很重视彼此的关系，希望可以重归于好。所以，如果你犯了错，就大方地表示歉意，诚恳地说一句"对不起"吧，这能为你带来更牢固的友谊。

第七节　不要散布同事的流言蜚语

　　作为公司中的一员，时时与同事相处，对同事的人品应该有所了解。切不可把鸡毛当令箭，把流言蜚语当作真事来传。

　　在同事中间常常有这样一些人：他们到处散布别人的流言蜚语，每天不是东家长就是西家短，没完没了，让人厌烦。一些原本平淡无奇的事经过他们的传播也会极富"色彩"，这样的人唯恐天下不乱，而你作为一个会说话会办事有修养的人，千万不要与之为伍，不要随意散布同事的流言蜚语，即使有人跟你说，也要做到左耳听右耳冒，不要受到这些事情的干扰。

流言飞语会对人们的工作、生活产生巨大影响。有一位赵小姐就遇到过这样的痛苦经历，下面我们来听听她的讲述：

我为人善良，但很要强。我既想在事业上有所作为，又不想让他人说三道四。说来有些惭愧，高考落榜后，我进了一家工厂。一进厂，厂里就组织我们一同来的 40 个女同学进行培训。四个月以后，只有我一人分到科室工作，其他全下车间。我很高兴，在科室工作许多事要从头学起，我虚心向老同志请教，勤奋学习，细心观察别人对问题的处理方法，现在能很好地胜任自己的工作。我这个人不笨，脑子也比较灵，办事也有一定的能力。就在工作取得一定成绩的时候，听到别人议论自己，说我是靠不正当手段进科室的，说我与上司的关系不一般等闲话。我的上司有能力，但名声的确不好，而且粗鲁，经常开过头的玩笑。我对他也很看不惯，但毕竟是上司，又能怎么样？所以我对他敬而远之。可是有些同事总是背后议论我的品行，他们这些无中生有的议论，实在影响我的情绪，心理压力很大，我没有使用任何手段使自己分到科室工作，我自认为是凭自己的本事得到这一份工作的。可是"人言可畏"啊！自从听到传言之后，我处处小心，感到孤独、烦恼，工作积极性不高，精力很难集中起来，我该怎么办呢？

上例中的赵小姐就是一位典型的受害者，男女关系是爱散布流言蜚语的同事最喜欢传播的小道消息之一。当然了，这类同事散布流言蜚语不仅仅是这一方面，他们散布的话题非常广泛，比如，某人工作有了一些成绩、家庭出现一些问题，甚至多接几个电话都会有流言蜚语产生。流言蜚语是软刀子杀人，使人陷入深深的痛苦之中而不能自拔。

作为公司中的一员，时刻与同事相处，对于同事的品质应该有所了解。切不可把鸡毛当令箭，把流言蜚语当真。

如果自己不能时刻觉察到自己这个毛病，那么，请同事来提醒你，纠正它。加入传闲话的行列是极愚蠢的，害人又害己。

所以，当有同事在你面前说别人的坏话，散布别人的谣言时，不要随声附和，你要想到：他可以对你说别人的坏话，也完全可以在别人面前说你的坏话，如果你附和了他的话，下次他就会把你的话添油加醋地说给别人听，破坏你与别人的关系。总之，对待这种人是离得越远越好。

第八节　少发牢骚，别把自己弄成"怨妇"

怨天尤人势必损害自己的声誉，它不能博得同情和安慰，反而会招致他人的幸灾乐祸与无礼轻慢。

不停发牢骚的人不见得就不乐于助人，她也可以是尽心尽力为别人服务的心地善良之人，但是这种人总是把自己弄成一个"怨妇"的形象，即使好心也不受欢迎。

发牢骚就像传染病一样，不仅自己情绪低落，也让别人感到不舒服，谁愿意整天和一个满腹牢骚的人在一起呢？

不少人无论在什么环境中工作，总是满腹牢骚，逢人便大倒苦水，像祥林嫂般唠叨不停，让周围的同事苦不堪言。也许你自己把

发牢骚、倒苦水看作是与同事们真心交流的一种方式，但是过度的
牢骚怨言，会让同事们感到既然你对目前工作如此不满，为何不跳
槽，去另谋高就呢？

　　怨天尤人势必损害自己的声誉，它不能博得同情和安慰，反而
会招致他人的幸灾乐祸与无礼轻慢。所以说，不管从事什么样的工
作，你都要把它当成你个人的兴趣，变成一件喜欢的事去做，不要
动不动就发牢骚，影响自己也影响别人。如果觉得实在不能适应，
你最好还是换一份工作。

当怒则怒，让老实人不再
受欺负的震慑话

第一节 理直气壮，有理之人要先以气势取胜

有的人总是有意无意地向我们提出不公平、不合理的要求。面对这种情况，我们必须据理力争，争取自己应得的权益。这要求我们理直气壮地说话，在气势上征服对方，打击对方的嚣张气焰。

爱看足球比赛的人都知道，足球比赛有一句至理名言，就是"足球是圆的"。意思是说球场上风云变幻，胜负不全依强弱而定。那么，是什么因素使足球比赛具有这样的悬念呢？无疑就是"气势"。所谓"主场之利"，指的是主队士气上升，有了气势，在这样的情况下，往往会有超水平的发挥。

谦虚和无能是两回事。自己没有主见，对他人言听计从很可能会被划入"无能"的范畴。真正的谦虚绝不是唯他人马首是瞻，而应该坦率地表达自己的想法。可见，谦虚固然重要，但"当说则说，当怒则怒"的态度也不可缺少。如果不能坚持自己的主张，一味地迁就别人，对方很可能会看轻你。沟通心灵、统一意见的最好办法，莫过于让意见分歧的双方坦率地将自己的看法和盘托出，找出其中的分歧再相互协商。在这个过程中，没有以势压人，也没有盲目服从，这才是谦虚的最好演绎，互相信赖也由此萌生。

俗话说："人善被人欺，马善被人骑。"有些人专爱拣软柿子捏。对这样的人，能忍则忍，忍无可忍时，不如反击。

当人的感情受到伤害时，我们中的大多数人会十分愤怒，表现为张口结舌或者满脸通红。那么，到底怎样才能摆脱窘迫的处境

呢？这得依情形而定。如果你的上司在同事面前三番五次地责备你时，可以心平气和地指出："我们是否可以私下谈这个问题？"如果伤害你的人是你的配偶或亲密朋友，可以向其说明你为此感到非常痛苦，这远比以同样的方式去回击对方要好得多。有人故意羞辱你时，你可以采取比较强硬的方法。有时，你必须使这种羞辱立即停止。可以说："你已经使我难堪了。介意告诉我这都是什么缘故吗？"或者说："你似乎心烦意乱，是不是我做什么事使你不高兴了？"

不管发生什么事情，都要避免动怒，千万不要发火。如果不够心平气和，你会使对方占上风，让别人对你产生不满情绪。再说，和那些别有用心的人生气不值得。

一位作家刚完成一本书，正陶醉在人们的赞美声中，另一个作家有些嫉妒，不顾别人的劝说跑去和他说："我喜欢你这本书，是谁替你写的？"他马上回敬道："我很高兴你喜欢，是谁替你读的？"

聪明的作家面对另一个作家的攻击并没有恼怒，而是以智慧进行反击，驳得对方无话可说。在受到不公正待遇时，你可以将事情置于大庭广众之下，摆出自己正当的理由，以强硬的态度坚决有力地驳斥对方。这样，就可以让对方在众目睽睽之下，理屈词穷，被迫做出让步。

提问在据理力争中显得十分重要，它能营造一种势不可当的气势。但需要注意的是，据理力争必须把双方都置于大庭广众之下。如果只有双方两人，而你又处于弱势的地位，你恐怕就无法"据理力争"。当对方气势汹汹，兴师问罪之时，你不要被他的强势所吓倒，应昂首挺胸地迎上前去，以自己的强势压住对方。这时，对方会被你的威势所震住，不得不改变他的姿态，做出让步。

第二节 在赞美中带出震慑

一味地迎合往往被认为是软弱的表现，偶尔变换一下交流的方法，则会让不知趣的对方有所顾忌。

宋朝开国皇帝赵匡胤从后周手中抢过皇位之后，带领手下将士南征北战，基本上统一了中原一带。后来终于一统江山。然而天下太平后，赵匡胤渐渐觉得那些战时曾一起流血卖命的兄弟们有功高盖主的危险。但向众弟兄下手，又怕天下人气愤。且每位弟兄手下都有一大批亲信，万一他们的手下叛乱，自己的皇位也坐不稳。最终他想到了"杯酒释兵权"。表面上是和以往的兄弟喝酒叙旧，实则用言语相威胁。最后这些兄弟们感到事态严重，为了保全性命纷纷主动交出兵权，然后告老还乡。

只捧不恐会让对方自觉有恃无恐，主动权在对方手中；而捧中适当加一点恐吓，主动权就会转到自己手里。"捧"是"恐"的台阶，既让对方不失面子，又可以通过"恐"达到我们的目的。

有位女子的丈夫是航海员，长期漂泊在外，孤独和寂寞陪她度日。白天上班还好说，一到晚上便焦躁不安。为了消磨时光，她报考了夜大。第一次上课，发现丈夫中学时的一位同学也坐在教室里。此同学与丈夫相处不错，因此跟他自然亲近一些。没料到这位同学却暗暗打起她的主意来。女子觉察到这位同学的不良动机，十分严肃地对他说："俗话说，'朋友之妻不可欺'。你是我丈夫的朋友，他平时对你那么好，要是我告诉我丈夫，不知他会对你怎么样啊？"同学一听，大惊失色："可千万别这样！"

一味地迎合捧场往往被认为是软弱的表现，在适当时进行恐吓，会让不知趣的对方有所顾忌。要记得，恐和捧并不是孤立分开的对立面，捧中有恐，才是妙计。

第三节 抓住对方的弱点，攻其不备

当受到别人的无情嘲弄时，我们不妨抓住对方的弱点，攻其不备。

所谓的出奇制胜是找到对手弱点，然后攻其不备。"出奇制胜"是一个可以广泛应用的法则，更是一个永恒的法则。它为什么具有如此大的魅力呢？出奇制胜要求打破常规，用对手意想不到的新奇手段战胜对手。核心就是"变化"二字，而"变化"正是宇宙间一切事物运行的普遍规律。

北宋有个名叫刘敞的大才子，他与欧阳修是很要好的朋友。刘敞晚年丧妻后，又续取了一位美艳少妇，招致人们一些闲话。欧阳修作为他的好友，在这件事上本不该说什么。可是，欧阳修恃才自傲，写了一首嘲讽刘敞的诗，曰："仙家千载一何长，浮世空掠日月忙。洞里桃花莫相笑，刘郎今是老刘郎。"刘敞看到后心里很不痛快，想报复欧阳修，可是一时又找不到机会。

有一天，御史中丞王拱辰请客，欧阳修、刘敞均在座。席间，刘敞突然心生一计，说："我有一个笑话，讲给诸位听，以助酒兴。从前，有一个学究训导学子，读到《毛诗》'委蛇委蛇'处时，学子将'蛇'字念成'舌'音，学究责备说：'蛇当读作姨字，不要再读错了。'学子牢记在心。第二天学子在去学堂的路上看乞丐玩蛇，迟误了上学的时间。学究问其迟到的缘由，学子如实告诉先生，是观看乞儿玩蛇而耽误的。但是，这次学子把'蛇'字读成了'姨'音，因此，他对学究的回答就成了这样一句话：'路遇有弄姨者，从众观之，先弄大姨，后弄小姨，是以来迟。'"刘敞讲完后，含意深刻地看了看欧阳修，然后开怀大笑起来。

欧阳修起初并不知道刘敞为什么要讲这个故事，可是刘敞一笑，他就立马明白了过来：刘敞是在嘲弄自己先娶了薛简肃公大女儿，后来又续娶了薛简肃公的小女儿这件事，立刻后悔先前不该嘲弄刘敞晚年娶少妇的事。

总之，反击无理取闹的行为，不宜锋芒太露。有时，抓住对方的弱点，旁敲侧击，指桑骂槐，反而更有震慑力。

第四节　反击时不要懦弱

有时，我们会遇到一些尖刻、找碴的人。面对这种人，能忍则忍，忍无可忍之时就狠狠地反击。

也许有时你想找一句话把别人的嘲讽和指责顶回去，可又偏偏想不出来。事后，你仔细思考了一番，发现只要当时稍作变通，说一两句话就可以保住面子，免受一场精神折磨。然而，事情已经过去，你只有后悔的份儿，问问自己：为什么当时没有想到呢？可能每次听到别人的侮辱，你都不打算反击，久而久之，遇到这种情况时就不知道怎么反击了。事后归咎自己。

但一个人如果只知道盲目反击，而不知道如何瞄准、等待时机也是不可取的。所以，在反击之前，要先把对方的话语听明白，一旦发现对方有明显的攻击意味，就要提高警觉，及时做出判断：如果对方发动的是侮辱性攻击，那么反击也应是侮辱性的；如果对方发动的是讽刺性攻击，那么反击也应是讽刺性的。

1. "你父母是怎么教养你的？"

别人用嘲弄的语气扯到你的父母，这是令人冒火的事，不过对方与你父母是无冤无仇的，他的目的在于惹怒你。

这时你千万别上当，可以回答说："我是我爷爷奶奶带大的。"

你也可以装作默默地想一会儿，再说："我父母教育我说，对于无礼的人，不必客气。"

2. "你自以为是什么人？"

这是在故意反问，意在贬低你算不上什么人，没什么了不起，别太自傲自大了。

谦和一点，回答他："我倒没想过这个问题。"

或用开玩笑的方式回答："我不敢肯定，不过我一定算个人物，有不少人给我写信呢。""天气不好时，我就自以为是拿破仑。""现在嘛，我自以为是受害者。""反正是你没见过的人。"

3. "你少来这套！"

这是不太重的话，可以有礼貌地答复："哈哈，不必客气。"如果你说的什么使他动怒，说出这么一句话，就可以强硬一些："对你来的就是这一套！"

4."你有毛病吗？"

当别人认为你犯了不可饶恕的大错，才用这句话否定你的思想、能力、态度，质问羞辱你。

当它是一句医疗问话："是有毛病，消化不良。"

冷静驳回："有是有，但离恶人远一点就会好些。"然后你扭头就走。

5."你讲的什么，连你自己都不懂！"

这种事发生时，十有八九是冤枉你的，对方分明是有了怒意或不满才会讲这样的话，可能是你说的话触及他不高兴的事，才不礼貌地打断你。

如果这时候你马上反问"你为什么说我不懂"，"这样说你有什么根据"，会立即显出你的心虚。糟糕的是，话题转为以你的懂与不懂为中心。如果你确实懂得不多，就会处于被攻击的地位，要连续不断地辩白。应付方法：如果对方的语气不是很恶劣，你可以用开玩笑的口吻说："我以为你听不出来我不懂"，或"你那么在意我懂不懂"。

如果对方的语气带有困扰，可以反问："你懂吗？"

如果听出对方有轻蔑的意味，回答不妨带一点讽刺："你说对了，不过，我以为我懂与不懂，在你听来都是一样的。"

如果对方有意侮辱你，故意把嗓门提高，引来他人的注目，你完全可以保持从容，面带微笑地说："既然如此，我来讲一讲我很懂、很清楚的一件事，就是一个人的教养问题。"

6."你以为你很聪明啊？"

这句话看似问话，又似指责，可以随其语气表示不同的意思。

同样，听者可以就自己的意愿来解读这句话。

当它是一个命令，答："好，那我照你的意思做就是。"

当它是一个建议，答："你的话很有道理。"

当它是问句，答："不敢，不过说说你的想法如何？"

回敬他一下："啊，本来认定你更聪明，不过怎么看也不像。"

一个人要善于保护自己，要学会应对他人的无礼攻击。对方成心让你下不来台，难道你就只呆站着而不自卫还击吗？

反击让攻击者自食其果。首先，要会借力使力，顺水推舟。其次，要冷静沉着，一击即中要害，使对方哑口无言。最后要注意区分对方的攻击性质，然后进行相应的反击。

第五节　说震慑话要从容镇定，方能达到震慑的最大效果

在生活中，我们难免会碰到一些无理取闹的人，对这种人，我们往往气愤不已，却不知所措。其实，我们完全可以从容镇定地说一些震慑的话，进而达到震慑对方的目的。

生活中，难免会碰到一些无理取闹的行为。碰到无理取闹的人，人们常常大发怒火，到头来，对方还振振有词，头头是道，自己则气得手脚发颤，只能说："岂有此理，岂有此理。"

那么，应该怎样反击无理取闹的行为，使对方觉得理亏、词穷、无言以对呢？

遇到这种行为，首先，要做到的就是控制情绪。这个时候心境平和对反击对方有重要作用：一是能表现自己的涵养与气量，二是能够冷静地考虑对策，只有平静的情绪，才能从容选出最佳对策，

否则可能做出莽撞之举。

其次，反唇相讥，出手干净利落。打就打到对方的痛处，绝不隔靴搔痒，拖泥带水。

伍廷芳是近代著名的外交家，在出使英国时，有个贵妇听了他的滑稽妙论，跑上前来与他握手，说："我真是十分佩服。我决定把我的爱犬改名为'伍廷芳'。"

这简直就是对伍廷芳的人身侮辱，可是伍廷芳不气不恼，首先称好，然后反唇相讥："很好很好。那么，你以后可以天天抱着'伍廷芳'接吻了。"

这位贵妇当众出丑，尴尬万分。

贵妇本来是想侮辱伍廷芳的，可是聪明的伍廷芳却能不气不恼，顺着贵妇的话继续说下去，以其人之道还治其人之身，从而捍卫了自己的尊严，也使得张扬骄傲的贵妇无地自容。

一个资本家请画家为他画一幅肖像，但事后却拒绝支付议定的5000美元报酬。他的理由是："画的根本不是我。"不久，画家把这幅肖像公开展览，并题名《贼》，资本家知道后，万分恼怒，打电话向画家抗议。"这事与您无关。"画家平静地答道，"你不是说，那幅画画的根本不是您吗？"资本家不得不花比原先高一倍的价格买下这幅画。

在上述事例中资本家故意刁难，说画的根本就不是他，画家的自尊受到侮辱后，机智地将画公开展出，巧妙地将该肖像画命名为

《贼》，在资本家看来这大大地损害了他的名声和自尊，因此暴跳如雷，提出抗议。画家又巧妙地用资本家说过的话反击，即"画的根本不是您"。以其人之道还治其人之身，资本家只好忍气吞声，花更高的价格把画买下。

第六节　如何才能让对手自取其辱

面对别人的欺辱，反唇相讥时最好能让对方自取其辱。

相互谩骂和人身攻击不能解决双方争吵的问题。但面对气焰嚣张的对手，就要反唇相讥，最好的办法是看准时机一言制人，果断中止无意义的争吵。

一个雪天的早晨，一个长工披着一张羊皮在财主院里扫雪。财主起床后看见了想趁机挖苦长工，于是大声说："喂，穷小子，你身上怎么长出一张兽皮？"

长工笑语以对："老爷，你的身上怎么长出一身人皮？"

针尖对麦芒，长工将"兽皮"换成"人皮"，就把财主的恶语射向了财主自己。

海涅是犹太人，经常遭到一些"大日耳曼主义者"的攻击。一次晚会上，一个自称是"素有教养"的旅行家，对海涅讲述了他在环球旅行中发现的一个小岛。他说："你猜猜看，在这个小岛上，什么现象使我感到最惊奇？"接着他说："在这个小岛上，竟没有犹太人和驴子！"

　　白了这个旅行家一眼后，海涅不动声色地反击道："如果真是这样的话，那只要我和你一块到小岛上去，就可以弥补这个缺陷了！"

　　旅行家的本意是说海涅是犹太人，海涅却机智巧妙地将对方比作驴子，从而维护了自尊。

第七节　用身体语言震慑对方

　　当双方对垒时，人的形体动作也是增强信心的一种武器。

　　以无言对恶语，对对手不理不睬，是最为上乘的震慑。

　　想要震慑对方，则要装成气势汹汹的样子，而且要装得像。只有让对方产生怯意，才能将对方唬住。

　　下面介绍一些壮胆的办法，以在关键时刻不畏震慑或敢于震慑对方：

　　1. 用你的眼睛盯视对方的眼睛，给对方以压迫感

　　为了证明自己观点的正确，言语已无法奏效时，明智的人们会改用双眼集中于对方眼睛，让自己的恼怒和要求通过这种注视传导给对方。这样可以给对方一种心理上的压迫感。

　　2. 要摆好架势，震慑对手

　　在双方对垒时，人的形体动作也是增强信心的一种武器。作家屠格涅夫在《麻雀》中写了这样一件小事：而后，一只小麻雀从树上掉了下来，飞不动了，猎狗看见了，便跑过去。这时，一只老麻雀从树上飞下来,挡住了小麻雀,并冲着猎狗张开了全身的羽毛,恶狠狠地盯着猎狗,猎狗竟然呆住了。

麻雀也是在本能中利用自己的羽毛、动作、眼神这一切天生的武器向猎狗示威,驱除自己的恐惧,达到震慑对手的目的。

体育比赛中,运动员为了增强信心,会有意识地昂首挺胸,这也是在有意识地震慑对手。

3. 占据背光位置,可产生威慑效果

站在背光的位置,可以让对方无法看清自己的表情。对方因看不到自己的神情,就会惶恐不安,使自己在气势上压倒对方。

第八节　面对奚落,顺水推舟巧应对

若判明来者不善,怀有恶意,故意挑衅,你可以"以眼还眼,以牙还牙",有理、有据和有节地回敬对手。

当别人挖苦、讥讽你时,你可以用语言作为"护身符",筑起堤防。"兵来将挡,水来土掩",你可依不同的来者选择不同的应付办法。

若判明来者不善,怀有恶意,故意挑衅,你可以"以眼还眼,以牙还牙",有理、有据和有节地回敬对手。

20 世纪 30 年代,一次丘吉尔访问美国时,一位反对他的美国女议员咬牙切齿地对他说:"如果我是您的妻子,我会在您的咖啡里下毒药。"丘吉尔微微一笑,平静地答道:"如果我是您的丈夫,我会喝下那杯咖啡。"

　　如果对方来势汹汹、盛气凌人，前来指责辱骂你，而你确信真理在手，则应保持藐视的目光、冷峻的笑容，让他尽情地发泄，不予理会。假如有人冲着你横眉竖眼，恶语中伤地骂道："你这个人两面三刀，专门告我的阴状，想踩着我的肩膀往上爬，没门！"如果你心中无愧，不必大发雷霆，倒不妨解嘲地反诘："哦！是真的吗？我倒要洗耳恭听。"诱使谩骂者说下去，直到对方无话可说了，你再"鸣金收兵"。在这种情况下，你以温文尔雅、彬彬有礼的方式笑迎攻击者，显然比暴跳如雷、大动肝火要好。

　　假如有人以半真半假的口吻问："你得了一大笔奖金，该'发财'了吧？"那你应避实就虚地回答："你也想吗？咱们一块儿来干。"话中带点阳刚锐气，别人再问，也不大好意思了。

　　假如你刚被提拔到某领导岗位，有人对此揶揄道："这下你平步青云、扶摇直上了吧！"听了不必尴尬，可一笑了之："是这样吗？你算得这么准？"用不卑不亢的回应，便能使对方语塞。相反，你过于计较，说出一大堆道理，倒显得太认真，反而适得其反。

　　如果有人用过于唐突的言辞使你受到伤害，或让你难堪，你应该含蓄以对，或装聋作哑、拐弯抹角、闪烁其词，或顺水推舟、转移"视线"、答非所问，谈一些完全与其问话"风马牛不相及"的事，用这种委婉曲折的方法反驳对方，一定会取得奇特的效果。

　　遇到棘手的问题，若以幽默诙谐的方式回答，往往能化险为夷，改变窘态。"山重水复疑无路，柳暗花明又一村"，让难堪的局面消失在谈笑之中。

第九节　采取灵活的措施应对别人的当众指责

有人当众对你横加指责，甚至是一顿劈头盖脸的斥骂，你得要招架住，采取灵活的应对措施，让这个令你无地自容的尴尬氛围及时得以化解。

受人指责总归是件不快之事，而受人当众指责，更是令人生气，甚至会让人难堪，尴尬至极。这是一个协作生存的社会，无论是工作还是生活，人难免犯错，触及他人利益会引起不满，导致他人对你的指责。当然，也存在这样一种情况，错不在你，而是一些无聊之徒，他们抱着一种嫉妒，或抱着一种偏见，来对你当众攻击，目的是让你颜面扫地。

有人当众对你横加指责，甚至是一顿劈头盖脸的斥骂，你得招架住，采取灵活的应对措施，让这个令你无地自容的尴尬氛围及时化解。

一天，一位不速之客突然闯入洛克菲勒的办公室，直奔他的写字台，并以拳头猛击台面，大发雷霆："洛克菲勒，我恨你！我有绝对的理由恨你！"接着那不速之客恣意谩骂他达 10 分钟之久。办公室所有的职员都感到无比气愤，以为洛克菲勒一定会拿起墨水瓶向他掷去，或吩咐保安员将他赶出去。然而，出乎意料的是，洛克菲勒并没有这样做。他停下手中的活，用和善的神情注视着这位攻击者，那人越暴躁，他便显得越和善！

那无理之徒被弄得莫名其妙，心情也就渐渐地平息下来。因为一个人在发怒时，没有反击，他是坚持不了多久的。这位攻击者是做好了来此与洛克菲勒做斗争的，并想好了洛克菲勒将要怎样回击他，他再用想好的话去反驳。但是，洛克菲勒就是不开口，所以他不知如何是好了。

最后，他又在洛克菲勒的桌子上敲了几下，仍然得不到回应，只得索然无味地离去。而洛克菲勒呢？就像根本没发生过任何事一样，重新拿起笔，继续他的工作。

当有人怒气冲冲地当众对你大加指责时，你可以像洛克菲勒一样采取不合作的态度，不理睬对方的无礼攻击。施以如此态度，实则是给他最重的迎头痛击。见如此反应，他会感到索然无味，悻悻而退。成功者每战必胜的原因，就是当对手急不可耐时，他们依然保持着超常的冷静沉着。

八方支援成大器，借人船
成己事的求助话

第一节　未雨绸缪胜过临时抱佛脚

我们经常抱怨机会来得太突然来不及准备，或紧急事件已发生，却不知道如何解决。平时缺少积累，临时抱佛脚是来不及的。所以，做到未雨绸缪，善养天机，就显得尤为重要。

经验丰富的管理者杰克曾经对他的员工讲过这样一个故事：

随着石油价格的上涨和人们对环境问题的日益关注，美国的汽车工业出现了下滑趋势。这时很多的公司管理者没有仔细考虑，就轻率地做出决定。汽车制造商的目标是赢利，而出售气派的大轿车显然比销售小型轿车赚的钱要多得多。当人们对小型轿车的需求日益增长时，这些管理者决定制造质量低劣的小型轿车，他们以为这样，消费者就会对小型轿车失去兴趣，从而像以前那样购买气派的大轿车。

但是他们忽略了一件事。他们忘记问自己："如果不提供满足市场需求的产品，会出现什么情况？"由于没有把事情前前后后考虑清楚，他们就眼睁睁地让那些制造高品质小型汽车的外国公司占领了市场。外国汽车在一夜之间涌入了美国市场。

人们知道哪些汽车制造商能够满足自己的需要。有些消费者从此放弃了对美国汽车的偏爱，甚至有许多人从此不再问津美国汽车。随着时间的推移，这些外来的汽车制造商渐渐加强了在美国的销售力量，建立起自己的品牌形象，有的后来甚至在美国建起了自己的汽车制造厂。有这些坚实的基础做后盾，他们现在已经成为美国汽车行业一支举足轻重的力量。

与此同时，美国本土各家汽车公司的市场份额却持续下降，在那些公司工作的人也纷纷失业。

现在，比较明智的汽车公司已经开始改善这种做法，但他们要赶上先行者还需要付出很大的努力。

如果那些公司管理者当初就深思熟虑，他们会发现高质量小型轿车不断增长的市场潜力，进而去努力满足这种市场需求。故事说明了一个道理，事情开始之前先向自己提出必要的问题，从而做出更好的决定，比等出现坏结果后再去纠正糟糕的决定要省时得多。

鼹鼠是完全生活在地下的动物，它们擅长在地底挖洞，挖的不只一条，而是四通八达、立体网状的坑道。要挖出这样的坑道当然很辛苦，但一旦完成，就可以守株待兔。同样在地底钻土而行的蚯蚓、甲虫等，常会不知不觉闯进鼹鼠的坑道中，被来回巡逻的鼹鼠捕获。鼹鼠在自制的网状坑道里绕行一周（有时要花上几个钟头），就可以抓到很多掉进陷阱的猎物。如果俘获的昆虫太多，吃不完的就先咬死，储藏起来。

鼹鼠的储藏是动物的一种天性，我们虽无须在家中堆满一年吃的食物，但在很多事情面前，有准备、深思熟虑总是好的。

做事之前，我们应该思考这样做的影响，下一步可能遇到的问题，以及应对的办法，只知其一不知其二万万不可取，不妨在行动前思考下面的问题：什么结果才能满足我真正的需求？如果按照某个决定去做，可能会发生什么？然后呢？我害怕得到的最坏结果和能想到的最好结果是什么？面对这两种情况，我分别会怎样做？对我来说，这个结果说明什么？对别人来说，这个结果又说明什么？我是否深思熟虑？

下雨了再修屋子为时已晚，生病了再锻炼身体事后诸葛亮，深思熟虑，防患于未然，才是我们应做的。

第二节　求人帮助前，说别人认同的话

想说好让别人认同的话，就要时刻关心对方的需求，并应想方设法地满足对方的需求。只有立足于对方的需要，才能说出对方认同的话。

假如你丢了钱包，身无分文，向路人求助时，很容易想象他们脸上惊讶甚至有点怀疑的表情。在这个信用些许缺失的年代，我们很难相信一个陌生人的求助。所以，如果要获得他人的帮助，必须要获得他人的认同。

亨廷顿曾指出，不同民族的人们常以对他们最有意义的事物来回答"我们是谁"，即用"祖先、宗教、语言、历史、价值、习俗和体制"来界定自己，并以某种象征物作为标志表示文化认同。在这里，认同不仅仅指的是文化和民族方面的认同，更重要的是信任感的认同。如果他人对你起码的认知和信任都没有，又怎么会帮助你呢？

战国时，水工郑国受韩国派遣，到秦国探听情报，不料被秦国逮捕，准备处置。行刑前，郑国要求参见秦王嬴政。他身戴重镣，被带到秦廷。秦王嬴政喝问："奸细郑国，你承认有罪吗？"郑国说："是的，我的确是韩国派来的奸细。我建议您兴修水利，确实是为了消耗秦国的民力，延缓韩国被吞并的时间。然而兴修水利，难道不是对秦国万分有利吗？"秦王嬴政想了想，觉得此言确实有理，郑国又说："现在，关中水利工程即将竣工，何不让我将它完成，以造福万民呢？"秦王嬴政沉吟半晌，终于同意了他的要求。在郑国主持下，一项伟大的水利工程郑国渠终于完成了。

秦王嬴政的残暴是闻名于世的，想在他的刀口下活命都不容易，更何况得到他的支持？但郑国抓准了嬴政的心理，取得他的认同，打动了他的心，不仅保住了性命，还完成了自己心目中的伟大工程。

信任感是认同的基础。如何获得他人的信任和认同呢？以下几点可供借鉴：

注意自我修养，善于自我克制；做事诚恳认真，建立良好的名誉；应该随时纠正自己的缺点；行动要忠实可靠，做到言出必有信，与人交往时必须诚实无欺，这是获得他人信任的最重要条件。

勤奋刻苦，脚踏实地。夸夸其谈的人无法给人安全感，说得好不如做得好。时间一长，你的浮夸将被人看穿，恐怕肯向你伸出援手的人也敬而远之了。

很多人获得成功靠的就是获得他人的信任。今天，仍然有许多人对获得他人的信任漫不经心，不肯在这方面花心血和精力。这种人可能不用多久就会失败。

要获得他人的信任，除了要有正直诚实的品格外，还要有敏捷、的做事习惯。即使是一个资本雄厚的人，如果做事优柔寡断、头脑不清、缺乏敏捷思维和果断的决策能力，那么他的信用仍然维持不住。一个人一旦失信于人一次，别人就再也不愿意和他交往或发生贸易往来了。

人类仿佛有一种共同的心理，就是如果有人使我们感到喜悦，即使事情与我们的心愿稍有相悖也不太要紧。求人帮助时，你要学会利用别人感情的弱点，与别人产生共鸣，只有这样，你的求助才能达到预期的结果。其实一件事情，能做的人很多，但智商水平很高的人往往却做不了，原因在于他们过于相信自己的智力，而忽略了对方的感情。

能博得他人欢心，获得他人信任，是求人帮助时必不可少的。要想做到这一点，第一条要有令人愉悦的态度，脸上带着笑容，行动轻松活泼。无论你内心是否对别人有好感，如果人们从你的脸上看不到一点快乐，那么谁也不会对你产生好感。

第三节　软话更容易催人行动

倘若你能设身处地为对方着想，全面分析双方的利弊得失，适时地说一些软话，那么你便能成功地打动对方的情感，从而达到自己的意愿。

由于说话态度不同，语言既可以成为建立和谐人际关系的强有力的工具，也可以成为刺伤别人的利刃。语言可以表现出一个人的人格。即使是语言表达比较笨拙的人，只要发自内心的关怀对方，其心情就能在话语间充分流露出来。相反，即使用再多华丽的语言，也会被对方看穿。所以满怀真诚是最重要的。

在洽谈生意或求人办事时，说话态度真诚，容易招人喜欢，被人接纳。入情入理的话，一方面显示说服者坦诚的态度；另一方面又尊重对方并为对方着想。这样无论在交易原则上，还是在人的情感上都达成沟通，促进了双方的共识，促使合作成功。

松下幸之助推销产品时碰到了一位杀价高手。他告诉对方："我的工厂是家小厂。夏天，工人在炽热的铁板上加工制作产品。大家汗流浃背，努力工作，好不容易制出了产品，依照正常利润的计算方法，应当是每件××元承购。"

对方一直盯着他的脸，认真地听他说话。当松下幸之助说完之后，对方展颜一笑说道："哎呀，我可服你了，卖方在讨价还价的时候，总会说出种种不同的话。但是你说得很不一样，句句都在情理之上。"

松下幸之助为什么能成功呢？这在于他真诚的说话态度。他强调是依照正常的利润计算方法确定价格的。自己并无贪图非分之财之意，同时也暗示对方无讨价还价的余地。这使对方调整立场，与其达成共识。

松下幸之助是一个煽情高手，他的语言充满了情感。他描绘了工人劳作的艰辛、创业的艰难，语言朴素、形象、生动，语气真挚、自然，唤起了对方切肤之感和深切同情。正如对方所说，松下幸之助的话"句句都在情理之上"，接受其要求自在情理之中。

一个人成功还是失败，命运一帆风顺还是曲折不断，跟他的处世方式有极大的关系。只要你会说话，将说话与处世的方法有机结合，就能建立良好的人际关系。真诚说话不应是一种技巧，而应是人在社会上的立身之本，在这种本位下，说出的每句话都闪烁着朴实的光泽，易于被人接受。

在与人交谈时，必须秉持一颗"至诚的心"，不要流于巧言令色、油嘴滑舌，要根据时间、场所和对象的不同，将自己最好的一面通过"说话"体现出来，如此才能建立良好的人际关系，使自己融入群体之中。

许多年来，奈佛先生一直想把燃料卖给一家大连锁店。但是这家连锁店一直从外地购买燃料，运货的路线正是从奈佛先生办公室的门口经过。奈佛先生有一天在卡耐基的课堂上大发劳骚，并大骂这家连锁店。

当他向卡耐基说出自己的心事后，卡耐基建议他改变战略。首先，他们准备在课堂上举行一次辩论会，主题就是连锁店的广布，对国家害多益少。于是卡耐基建议奈佛先生加入反方，他同意了。由于要为连锁店辩护，奈佛便去拜访他原本瞧不起的连锁店经理，告诉他"我不是来推销燃料的，我是来找你们帮个忙"。他说清来意后，并特别强调："我来找你，是因为我想不出还有其他人更能提供给我事实。我很希望能赢得这场辩论，无论你提供什么给我，我都十分感激。"奈佛先生后来回忆说："我原先只要求这位经理拿出一点时间，所以他才同意见我。当我把事实说出之后，他指着一张椅子要我坐下，我们聊了一个多钟头。他还请来另一位主管，这位先生写过一本有关连锁店的专论。他觉得连锁店提供了最真实的服务，也以自己能为许多社区服务为荣。当他侃侃而谈的时候，两眼发亮，我也不得不承认他的确让我明白了许多事。他改变了我整个心态。

"在我离去的时候，经理陪我走到门口，用手揽住我的肩膀，祝我辩论得胜，并且让我再去看他，让他知道辩论的结果。最后，他对我说：'春天来的时候请再来看我，我很愿意向你买些燃料。'这真是奇迹，他居然主动提起买燃料的事。由于我对他们连锁店的关心，使他也关心我的产品，从而能在这两个钟头里，达成十年来所不可能的目标。"

倘若你能设身处地为对方着想，并且全面分析双方的利弊得失，语气亲切随和、态度真诚、不卑不亢、入情入理，那么你便能成功地打动对方，从而达到自己的意愿。

第四节　求助时，话语中要避免过于功利

求人帮助时，要斟酌好说什么话，尤其是向亲朋好友求助时，话语中更要避免过于功利化。

人在社会上不可能孤立生存，我们有亲人、朋友、同事，有千丝万缕的人际关系。同样，我们有欢乐、痛苦、爱心，有时也需要别人的帮助。向他人寻求帮助，不要显得太功利，否则会惹人反感。试想，如果一个很久未与你联系的昔日同事，突然打电话请你帮他贷笔巨款，恐怕不仅是为难，心中还有极大的不悦吧？

俗话说："在家靠父母，出门靠朋友。"多一个朋友多一条路。要想人爱己，己须先爱人。时刻存有乐善好施、成人之美的心思，为自

己多储存些人情的债权。如同一个人为防不测，养成"储蓄"的习惯，还能让各位的子孙后代得到好处，正所谓"前世修来的福分"。

　　人生如戏，工作单位是一个大舞台，演戏的人不仅要台上功夫过硬，台下也少不了查漏补缺，做好准备。只有台上台下配合默契、相得益彰，才能真正获得掌声与喝彩。很多"走红"的"演员"常会利用舞台外的时间进行相关活动，希望回到台上后可以讨些好处。

　　中国人串门落座常爱说"无事不登三宝殿"，意是有事相求。这正是台下功夫不到家的一个明显例子。会唱台下戏的人常常"无事也登三宝殿"，平日很注重与人保持联系——哪怕是一个电话，让别人知道，他人在自己心目中占一席之地，如果非到有事才找人，未免显得太过功利主义，惹人反感。8小时之外常到同事家做做客以加强联系，是必要的，但要把握一定的分寸，懂得做客的学问。

　　在一次会议上，小王邂逅了一位久未谋面的老朋友。休会期间，他们热情地攀谈起来。聊着聊着，小王不禁对他抱怨起来："我打过很多次你的手机，但一直都是停机。你也是的，这么长时间，怎么也不跟我联系？"朋友嘿嘿一笑，从嘴里蹦出四个字："又没啥事。"

　　一日，小王接到这位朋友的电话，心中一阵惊喜。电话接通后，朋友一开口便请小王帮他推销产品。说了一大套关于产品的介绍之后，朋友又开始给小王开所谓的"好处费"。小王也知道"朋友多了路好走"的道理，但就是这个电话，把他们的友谊击得粉碎。

这个故事就说明，不要在需要帮助的时候才想起别人，友谊不是一天能培养的，关系不是一日确立的。

第五节　暗中智取，让他人无法拒绝

学会说话，使他人无法拒绝我们的请求。

一位法律系的教授告诉他的学生："当你盘问嫌犯时，不要问事先不知道答案的问题。"因为辩护律师如果不知道答案就盘问证人，会为他自己惹来很多麻烦，同样的情形也适用于向人求助。因此，绝对不要问只有"是"与"否"两个答案的问题，除非你十分肯定答案是"是"。

例如，金牌销售不会问客户："你想买双门轿车吗？"他会这样说："你想要双门还是四门轿车？"

如果用后面这种二选一的问题，你的客户就无法拒绝你。相反，客户很可能会对你说："不。"下面有几个二选一的问题：

"你希望3月1号还是3月8号交货？"

"发票寄给你还是你的秘书？"

"信用卡还是现金支付？"

"你要红色还是蓝色的汽车？"

"你要用货运还是空运？"

面对这样的提问，无论客户选择哪个答案，业务员都可以顺利做成一笔生意。你换个角度站在客户的立场来想这些问题。如果你告诉业务员想要蓝色的车子；你会开票付款；你希望3月8日货运送到你家，就很难开口说："哦，我没说我今天就要买。我得考虑一下。"

养成经常这样说的好习惯："难道你不同意……"这样，在求助别人成我们的事时，就可以脱口说出这样的话，让对方难以拒绝。

例如："你难道不同意这是一部漂亮的车子？""你难道不同意这块地可以看到壮观的海景？""难道你不同意试穿的这件貂皮大衣非常暖和？""难道你不同意这价钱表示它有特优的价值？"此外，当客户赞同你的意见时，也会衍生出肯定的回应。

其实，在进行推销活动时，如果能及时问需要客户同意的问题，将会产生特别的效果。

当某家的先生、太太和十二个小孩共乘一辆车子上街买东西时，一位汽车的推销员问这位太太："遥控锁是不是最适合你家？"她通常会同意销售员的看法。

接着销售员继续说："我打赌你也喜欢四门车。"因为他们是个大家庭，他知道他们只能考虑四门车。而夫人会说："哦，是的，我只会买四门车。"在对车子一连串性能的探讨之后，这位先生猜想他太太有意买车，因为她对销售员的看法一直表示赞同。

如果你面对两个以上的客户或一群生意人时，先说服有支配权的那个人，是非常有效的方法，如此一来，其他人也会跟着点头同意。

其实，在你分析判断谁是这群人的"领导者"之前，就应该掂量掂量每个人的分量。一般情况下，他是唯一一个你需要说服的人。当你说服了他，你的生意就算成功了。

CRUCIAL CONVERSATIONS 关键对话

第六节　迂回委婉地说出你的需求

即使你向别人提出的要求是正当的，也要有技巧地、委婉地说出来，这样才会让他人更容易接受。

即使你向别人提出的要求是正当的，也得讲究时机和技巧，不然不会被人重视，甚至会被理解为无理取闹。如果你认为你的薪水与能力没有成正比，想让你的老板给你加薪时，你会用什么方法提出自己的想法呢？你会随随便便地提出要求吗？聪明的你肯定不会这样做。有技巧地说出自己的要求，才会让他人更容易接受。

乔治是华盛顿储蓄银行的一名出纳，他就是采用迂回的方法挽回了一位差点失去的顾客。

"有位年轻人走进来要开个户头，我递给他几份表格填写，但他断然拒绝填写有些方面的资料。我从一开始就决定诱使他回答'是，是的'，于是，我先同意他的观点，告诉他，那些他所拒绝回答的资料，其实不是非写不可。"

"但假如你碰到什么意外，是否愿意银行把钱转给你所指定的亲人？"

"当然愿意。"

"那么，是否应该把这位亲人的名字告诉我们，以便我们能届时依照你的意思处理，而不致出错或拖延？"

他再一次回答："是的。"

　　这个时候，他的态度已经缓和下来，知道这些资料并非为了银行而留，而是为了他个人的利益。所以，他不仅填写了所有资料，而且在我的建议下开了一个信托账户，指定他母亲为法定受益人。当然，他也填写了所有与他母亲相关的资料。

　　这个故事中，聪明的出纳一开始就让客户回答"是，是的"，这样反而使客户忘了原本问题的所在，高高兴兴地去做你建议的所有事情。所以，我们得到他人愈多的"是"，就愈能为自己的意见争取主动权。推销商品也好，其他一切需要他人信服、支持的事情也罢，这一法则是很有效的。

　　曾经有一位年仅 25 岁的法国将军竟然能够使衣衫褴褛、饥肠辘辘的意大利军队听命于他。这到底是怎么回事呢？起初，他抓住了士兵们对衣食上的迫切需求，开始鼓励他们："我将把你们从这个衣不蔽体、食不果腹的世界带到一个最富足的地方去，在那儿，你可以看到繁华的城市和富饶的乡村，你们可以过上衣食无忧、逍遥自在的生活。"在占领了一个重要城市之后，他又改变了说法，这时，他转而在士兵们的自尊心上下功夫，用热烈而优美的词句赞美他的士兵："你们是历史的创造者，当你们荣归故里，你们的乡亲会热情地指着你们，说：'看，他曾经服役于那伟大的英勇的意大利军队。'由于他总能够把军事计划和士兵们的欲望紧紧地联系起来，所以他的军队一直都支持、效忠于他，英勇作战，义无反顾。他就是拿破仑·波拿巴。

　　所以，当我们想要借助别人的力量时，如果没有想过要观察他的兴趣和思想,他怎么会支持和帮助我们呢?请不要毫无准备地闯入他的办公室,这种做法是非常不明智的,你不如在他的办公室外先考虑几个小时,再去敲门。

谈判专家之所以能解决棘手的问题,是因为他懂得有技巧地表达自己的意图。销售大王之所以能取得好的业绩,是因为他懂得有技巧地沟通。我们听听一个销售大王的经验:销售人员与客户之间的沟通有时表现为相互进攻,有时表现为各自坚守阵地,更多的时候,是进攻与防守的结合运用。例如销售人员说:"如果购买量达不到 100 箱就不能享受八折优惠。"("100 箱的销售量"属于进攻行为,"八折优惠"为防守策略。)客户说:"如果这种产品的价格不能享受七折优惠,那我只能选择其他产品。"("七折优惠"是进攻行为,"不购买产品"为防守策略。)

在进攻与防守策略灵活运用的各个沟通环节中,销售人员应该学会掌控整个沟通局面,不要让自己围着客户提出的种种条件团团转。要想掌控全局,每次与客户沟通时,销售人员都需要在关键问题上事先确定一个合理的底线,比如产品价格不能低于多少、不符合某种购买条件时不提供某种免费服务、客户最晚不能超过多长时间付清货款等。

主办第 23 届洛杉矶奥运会的重任落到了彼得·尤伯罗斯身上,他面临着一个非常重要的问题:必须把奥运会有关项目的赞助权销售出去,才能获得资金筹备奥运会。彼得·尤伯罗斯担心的事情是:如果这些"赞助权"不能被成功销售出去,或者销售费用太低,那么洛杉矶奥运会的举行将会受到严重掣肘。为此,尤伯罗斯在饮料业赞助商投标时,设置了自己的最低心理底线——400 万美元,给媒体行业的电视转播权投标时，他又定了 2 亿美元的天价。在当时，这些价格都是前所未有的，当得知尤伯罗斯确定这样的价格底线时，很多商家都表示要退避三舍。然而，尤伯罗斯知道很多商家的声明都是一种策略，没有一个商家不希望自己能够获得奥运会的赞助权，只要他们有这样的实力，就一定会认真考虑的。

就这样，尤伯罗斯一次又一次地与各个行业的商业巨头在谈判桌上进行沟通，他游刃有余地周旋于各大商业巨头中间，和商业巨头们展开了形式多样的沟通和交流，而且他表现得相当灵活。但每当涉及投标价格的讨论时，尤伯罗斯都表现得相当坚决，到后来，他在价格方面已经不做任何解释了。

当尤伯罗斯在价格问题上几缄其口之时，各大商业巨头开始明争暗斗。结果，尤伯罗斯从可口可乐公司那里得到了 1260 万美元，从美国广播公司那里得到了 2.25 亿美元。

在商场与他人谈判时，可以考虑尤伯罗斯的做法，确定合理的底线，进攻和防守兼而有之。向老板提出加薪也是同样的道理，在适当的时间说适当的话。

第一次世界大战后，美国总统威尔逊为了重建国际新秩序、组织国联而游说欧洲各国。他来到法国，非常清楚要说服法国这个欧洲大陆的第一强国，就得先说服绰号"法国老虎"的克里蒙梭。要让他同意国联的计划十分艰难，但威尔逊在经过深思熟虑后，还是决定与克里蒙梭会晤。在交谈中，威尔逊首先提出了海洋自由的问题，因为这个问题是法国当时急需要解决的问题，接着提出了国联的计划，这个计划能解决海洋自由的问题。结果，克里蒙梭对组织

CRITICAL

用

CRUCIAL CONVERSATIONS关键对话

国联的计划十分感兴趣，后来他终于支持成立国联。威尔逊之所以能够赢得"法国老虎"的支持，是因为他告诉克里蒙梭国联可以满足他的某种需要。

在出席一个集会之前，我们会不会总是先考虑自己应该说些什么？我们是否应顺着对方的兴趣来表达自己的意见？是否能顾及他人的需求？

在向上级汇报时，在见一位顾客前，在与一个同事交谈之前，在召见一个下属前，有多少人会真正考虑对方的立场呢？孔子的学生子贡曾经问他："有没有一个字可以作为终生奉行的法则呢？"孔子回答："其恕乎！己所不欲，勿施于人。"这里的"恕"是凡事替别人着想的意思。自己不喜欢做的事，不要加在别人身上。我们可以把这句话看成为人处世的基本修养，如果你能做到这一点，便可以建立良好的人际关系。"恕"的核心是以己度人、推己及人的方式处理问题。这样可以营造一种重大局、尚信义、不计前嫌、不报私仇的氛围，以及成就双方宽广而又仁爱的胸怀。其实，对于日常生活小事的处理，何尝不是如此呢？按照"己所不欲，勿施于人"的原则，反求诸己，推己及人，往往会有皆大欢喜的结果。

有句话是这样的：人同此心，心同此理。人们的思想总是有着某种共同规律的，在获得他人支持的努力中，积极发掘这种共同的规律，寻找事物的关联，先自觉地解剖自己，再由己及人，求得双方在思想上的共鸣。若要人敬己，必先己敬人，你敬人一尺，人敬你一丈。人际交往有这样的互补性报偿，报偿是一种自觉的社会动机，只有尽可能地尊重一个人，才能要求一个人。

如果你求人办事，用尽各种招数仍受到别人的拒绝，此时你应

122

该怎么办呢？

不要过分坚持。对方既已拒绝，必有原因，如果过分坚持自己的要求，不但使对方为难，也使自己进退两难。

不要过分追究原因。的确，任何人都想知道拒绝的原因，但如果非问清原因不可，往往会破坏双方感情。

做任何事，眼光都要长远、心胸要宽广。真挚的友情是长期培育起来的，也能经得起漫长岁月的考验。如果求之于人时，一好百好；事成之后，过河拆桥，一锤子买卖，友谊哪能长久？如此寡情少义，关键时刻，又怎能奢望别人的真诚相助？

当我们想求他人为自己办事时，不要总想着自己的利益，也应该考虑一下他人的想法和可能的回应。

第七节　关键语句让对方点头同意

求人办事时，有时一大筐的求助话比不上一句话的威力，因此，说关键性的求助话更容易让对方点头同意。

人的一生中，有很多事情需要靠他人的帮助才能取得成功，在遇到急事、难事时，人们就像一个不会游泳的人掉进深水一样，哪怕是一根不足以救命的稻草，也会满怀希望地一把抓住。

我们在求人办事时，实际的利益比空口说教更有力量。这时，不要有意无意地提醒人家曾经给予过的帮助和恩惠，以谦虚的态度讲清利益关系，具体地指出你的请求和合作对他有利的地方，使对方乐意伸出援手。

在请求别人帮助之前，一定要搞清楚别人为什么要帮助你，凭什么能叫别人来帮助你，帮助你的真正目的是什么。

求人办事，必须以被求人的切身利益为准。而送礼正是一个很好的渠道，大多数中国人都经历过送礼的事，自然会认为是理所当然的"社交方式"。求人办事，就要给他人一些好处，不然心里过意不去。有了这层"赠予"关系，不仅可以获得"份外"的利益和好处，日后办事也不会有什么麻烦。

尽管求人办事时，送礼或给办事的人一些实际的利益能帮我们达到求助的目的，但更重要的是掌握好说话的技巧。如果不懂说话的技巧，送再多的礼也不会让别人心甘情愿地为你办事，而一句关键性的能让对方同意的话的威力有时比一大堆的礼物和谄媚奉承的话力量更大。

每个人都应该掌握一些求人办事的说话技巧，把自己变成一个交际高手。在求人办事的过程中，想要说服别人帮你，用语要精练，话不在多而在精。多则惑，少则明。尽人事，听天命，点到为止，言多必失。把每句话都说到别人心里，才能达到事半功倍的效果。

我们常常听到有人抱怨："现在办个事真难！"有些人在求人办事时，既没有门路也没有关系。现实生活中，很多人都处于这种情况。而有些人天生就不善言谈，总让自己活在进退不能自如的紧张和压迫之中；有些人懂得说话的艺术，有一张好嘴巴，办起事来就游刃有余。

求人帮忙时，有的人长篇大论，滔滔不绝，以此抓住听者的心，这自然令人钦佩；而有的人把自己的意思浓缩成一句话，犹如一粒沉甸甸的石子，在听者平静的心湖里激起层层波浪，与前者相比，更具说服性，更能让人接受。

一个真正聪明的人，常常会从人们意想不到的角度切入话题，使对方在真心领悟之后，从心底腾起一片喜悦之情，营造出和谐、充满意趣的氛围，这样自然就可以达到自己的目的。

人们常说："一句话说得人跳，一句话说得人笑。"道出了会说话与不会说话的区别。难也罢，易也罢，归根结底一句话："话不在多而在精。"满嘴胡言，词不达意，恐怕说得再多也无济于事，反而让人生厌。

做一个能说会道的人不是一件容易的事情，它需要技巧，只有掌握这个技巧，才能在求人帮忙时游刃有余。

需要特别强调的是，语言表达要清晰，不要啰唆。反反复复强调，生怕对方听不明白或漏过去，这样反而把重点冲淡了。回答问题也应该简单明了，不要喋喋不休，让求人办事的现场成为你自己的演讲论坛，别人当然不愿意帮你了。

任何事情都是人办的，但需要办的事情不一定都是亲手操的。所以办事的艺术也是处人的艺术。

一个人若能在纷繁复杂的环境中随心所欲地驾驭人生局面，把不可能的事变为可能，最后达到目的，那他就是个会办事的人，是个把握了办事分寸和艺术的人。

求人办事时，要能准确地表达出自己的意思，每句话都能够说得合情合理，并具有较强的说服力，这才是最重要的。如果一个人经常词不达意，话说了一大堆，却没达到效果，这样的话说再多也没有用。求人办事能否成功，关键靠你的口才。

一个会说话的人，句句话都能说到别人心里，说服别人帮自己；而不会说话的人，就会语无伦次，表达不出自己的意思，不能很好地说服别人。

合理拒绝，让人心服口服
的拒绝话

第一节　师出有名，给你做的每件事一个说法

很多时候，我们需要为自己所做的事找一个借口，这样，我们所做的事才更容易得到别人的认同。

做任何事情都要有正当的理由，至少是表面上。古往今来，凡成大事的人，都懂得为自己做的事找一个能为人所接受的借口。

人与人交往，我们难免要借助善意的借口、美丽的谎言，因为它是关心对方、理解对方的一种表示，对人际关系的和谐大有裨益。如果我们懂得运用这种真诚和善意来处理相互间的关系，与他人的交往便更具艺术性。

戴尔·卡耐基《人性的弱点》中，有这样一个例子：

一个妇女应老师的要求，回到家中请她的丈夫给自己列出六项缺点。本来，她丈夫可以给她列举许多缺点，但是，他却没有这样做。而是借口说自己一时很难想清楚，等次日想好后再告诉她。第二天，他一起床，便给花店打了一个电话，要求给他家送来六朵玫瑰花，并附了一张字条："我想不出有哪六项缺点，我就喜欢你现在的样子。"结果，他妻子不仅非常感激他善意的宽容，而且自觉地改正了以前的缺点。

日常交往中，我们每个人都有意、无意地用着这样或那样的借口。比如，朋友来家做客，不小心打碎了茶杯，这时，你马上会说：

"不要紧，你才摔了一只，我爱人曾经打碎了三只。相比起来，你的战绩平平。"这种幽默的借口，既打破了尴尬的局面，也避免对方陷入难堪。

可见，在日常生活中，要处理好人与人之间的关系，做到善解人意、与人为善，有时需要寻找合适的借口，因为这种善意的借口既能满足对方的自尊心，维护对方的颜面，又可以让自己摆脱不必要的尴尬和难堪。

第二节　知己知彼，托词才更好说

要想说好让对方心服口服的托词，要先了解对方，根据对方的脾性说出合理的能让对方接受的托词。

什么样的托词才能让对方欣然接受呢？如果不够了解对方，显然你很难说好托词。

应先了解对方的一些经历及生活状况。思维方式不同，人的观念也不同，因此，要了解他的人生观、价值观。

必须注意对方的心境。如果在交谈中，不顾对方的心理变化，一味地将想法统统搬出来，你是得不到他的认同的。一厢情愿的谈话往往会让对方厌恶。不该说话的时候说了，则犯了急躁的毛病；该说话的时候却没有说，从而失掉了说话的时机；不看对方的态度便贸然开口，叫作睁着眼睛说瞎话。在交谈过程中应兼顾对方的心理活动，使谈话内容和听者的心境同步变化，这样才能引起共鸣。

性格外向的人易"喜形于色"，可以和他侃侃而谈；性格内向的人多半"沉默寡言"，与其交往时则应注意言语的委婉、循循善诱。

第三节　你的托词不能损害对方的利益

从对方的利益出发，掌握好说"不"的分寸和技巧，给对方一个能接受的，并且不会伤害对方的托词十分重要。

随着社会的发展，人与人交往越来越密切，也越来越复杂。比如，我们很容易会发现办公室谈笑风生的两个人，其实早已积怨很深。或昨天还势如水火的两个同事，今天却亲密得俨如老友。从中我们可以看出，办公室中的人际关系确实让人难以捉摸。其实，我们每个人都希望能得到他人的关注与理解。因此在职场上，我们要学会理解他人，把握处理事情的分寸，尤其是我们因为各种原因而不能配合对方时，一定要从对方的利益出发，说好托词。

例如，在办公室里，你拒绝别人请求时，如只说"我很忙"，对方则会说你不爱帮助别人。所以，拒绝别人时，要具体地说明理由。再如，你正忙着整理第二天重要会议的资料时，你的上司走过来对你说："先处理这份文件。"这时，你可以明确地告诉他自己正在为第二天重要会议准备资料，然后让上司判断哪个工作更加急迫。"是这样啊！你正在做的工作不尽快完成可不行，我的这份之后再弄。"

每个人总会有需要别人施以援手的时候，所以，多一个敌人绝不是什么好事。虽然我们避免不了拒绝的发生，却可以采取适当的拒绝方式，最大程度地避免因为拒绝而树敌。

经常有人会说这样的话："这件事情恕难照办""我们每天都一

样地工作，凭什么要我帮你的忙"……如果你听到这些话，会是什么反应呢？你会很高兴客气地说"既然如此，那我就不打扰你了，对不起"吗？恐怕不会吧。你一定会恼羞成怒地回击对方："你这个人讲话怎么如此无情！难道你这辈子没求过人吗？"然后拂袖而去，并伺机报复。

一般情况下，我们在拒绝别人的时候要注意以下几点。

1. 积极地倾听

当你拒绝别人的请求时，不要随口说出自己的想法。过分急躁的拒绝最容易引起对方的反感，应该耐心地听完对方的话，并用心弄懂对方的理由和要求，让对方了解自己不是草率拒绝的，是在认真考虑之后不得已而为之的。

2. 用和蔼的态度拒绝对方

不要以高高在上的态度拒绝对方的要求，不要对他人的请求流露出不快的神色，更不要蔑视或忽略对方，这都是没有修养的具体表现，会让对方认为你的拒绝是对他抱有成见，从而产生逆反心理。拒绝对方要保持温和真诚的态度。

3. 明白地告诉对方你要考虑的时间

我们常碍于面子不愿意当面拒绝他人的请求，而是以"需要考虑"为借口来避免直接拒绝对方，通过拖延时间使对方知难而退，这是错误的。如果不愿意立刻当面拒绝，应该明确告知对方考虑的时间，表示白己的诚意。

4. 用抱歉的话语来缓和对方的情绪

对于他人的请求，表示无能为力，或迫于情势不得不拒绝时，一定要加上"实在对不起""请您原谅"等抱歉用语，这样，能不同程度地舒缓对方因遭拒绝而受的打击，减轻对方的挫折感和对立情绪。

5. 说明拒绝的理由

在拒绝他人的请求时，不要只用一个"不"字使对方"打道回府"，而应给"不"加上合情合理的注解，使对方明白，自己的拒绝并非毫无理由，而是确有苦衷。真诚地说出你拒绝的理由非常必要，它有助于你们维持原有的友好关系。

6. 提出取代的办法

当你拒绝别人时，肯定会影响他计划的正常进程，甚至使他的计划搁浅。如果你帮他提供一些建设性的意见，更能减轻对方的挫折感和对你的怨恨心理。

7. 对事不对人

你要想方设法地让对方知道你拒绝的是他的请求，而不是他这个人。

总而言之，成功地拒绝别人的请求不仅可以节省自己的时间和精力，还可以免除由不情愿行为带来的心理压力。但前提是，拒绝时不损害对方的利益。

第四节　托词要真诚，不能让人感觉你敷衍了事

当你不得不拒绝别人时，要想好一些真诚的托词，让别人打从心眼里觉得的确是你能力有限不得不拒绝。

拒绝总是会让人不愉快。委婉拒绝无非是为了减轻双方，特别是对方的心理负担，并非玩弄"技巧"来捉弄对方。特别是上司拒绝下属的要求时，不能盛气凌人，要以同情的态度、关切的口吻讲述理由，使之心服。在结束交谈时，一定要表示歉意。一次成功的

拒绝，能为将来的重新握手、更深层次的交际播下希望的种子。

从事销售的小刘遇上一位工作狂上司，很多同事都因此"逃离"，她却能始终保持极佳的工作状态，她是怎么做的呢?

小刘说："一开始我也像他们一样以办公室为家，日日夜夜伏案工作，在我的字典里'休息'这个词似乎早就不存在了。后来我发现，工作狂老板通常有一个思维定式：他们疏于考虑分配下去的任务量有多少，下属需要花费多长时间可以搞定，他们想当然地认为你没问题。所以，如果我觉得工作量过大，超出个人能力的范畴时，我不会一味投身于工作蛮干，要知道，不说的话，工作狂老板是不会体会到你的负荷已经到了警戒线。这也不能怪他，每个人的承受能力不同，老板又如何体会到下属执行当中的难度与苦衷? 这个时候，下属应该主动与老板沟通交流。口头上的陈述困难或许有故意推托之嫌，书面呈送工作时间安排与流程，靠数据来说明工作过多，让他相信，过多的工作令效率降低。合理的沟通会令老板了解你的需求，从而适当调整任务量及完成时间，或选派更多的同事来帮你分担。"

试想一下，如果小刘怕得罪上司勉强接受所有任务，不能按时完成任务更会受到上司的指责，如果因为自己不事先说明难度，最后又耽搁公司整体事务的进展，罪过就更大了。这种坦诚拒绝的方法不仅适用于上司，也适用于周围的同事。当然，坦诚拒绝也要讲究方式。

当别人向你提出请求时，他们一定会担心你会不会马上拒绝，或给自己脸色看。所以，在你决定拒绝之前，首先要注意倾听他的诉说。比较好的办法是，请对方把处境与需要讲得更清楚一些，这样，自己才知道如何帮他。

倾听能让对方感受到你的尊重和真诚，在你委婉地向对方表达拒绝时，可以避免对方的感情受到严重的伤害。倾听的另一个好处是，你虽然拒绝他，但可以针对他的情况，建议如何取得适当的支援。若能提出有效的建议或替代方案，对方一样会感激你，甚至在你的指引下找到更适合的解决方案。

直接的拒绝只会伤害彼此的感情，委婉地说"不"更容易让人接受。当你仔细倾听了别人的要求、并认为自己应该拒绝时，说"不"的态度必须是温和而坚定的。

例如，当对方提出的要求不符合公司或部门的规定，你应委婉地让对方知道自己帮不了这个忙，因为它违反了公司的相关规定。在工作已经排满而爱莫能助时，要让他清楚地明白。一般来说，同事听你这么说一定会知难而退，再想其他办法。

拒绝除了需要技巧，更需要耐性与关怀。若只是敷衍了事，容易伤害到对方。

1. 对领导说"不"时一定要把握好时机

"不管什么事情只要交给安娜，我就放心了。"安娜进公司 3 年，这是领导常挂在嘴边的话。开始安娜很高兴，但一天天过去，交给她的任务越来越多。安娜，这个方案你盯一下；安娜，这个客户恐怕只有你能对付；安娜，上海的那个项目人手不够，你顶一下。老总为某事抓狂时，必会打开门大叫安娜。

安娜手里的事情多到加班加点也做不完，可周围有些同事却闲得很，薪水并不比她少多少。安娜想，也许自己再忍一忍就会有升职的机会。然而，机会一次次地走到她面前却又一次次地拐了弯。后来，安娜从人事部的一位前辈口里得知，关于她升职的事中层主管讨论过很多次了，每次都被老总否绝，说安娜虽然业务能力不错，但管理能力不足，需要再锻炼锻炼。

安娜很气恼，回家跟丈夫抱怨。丈夫居然也说："如果我是你们老总，我也不会升你的职。一个不懂拒绝的人，怎么去管理别人？"安娜仔细想了想，觉得这话真的很有道理。

往后，当老总给她加工作量时，安娜鼓足勇气说："我手里有3个大项目、10个小项目，我担心时间安排不过来。"老总一听，脸立刻变了色："可是，这个项目只有你去做我才放心。"

"那好吧，我赶一赶。"说完这句话，安娜恨不得咬掉自己的舌头。看到老总的脸，一个大胆的念头突然冒了出来："不过，要按时保质完成，我需要几个帮手。"安娜轻描淡写地说。老总惊讶地看着她，继而笑着说："我考虑一下。"

原来安娜想，如果老总答应给自己派助手，就相当于变相给自己晋升，自己的工作也有人可以分担了；如果不答应，老总也不好把新任务硬塞给自己了。

果然，老总再也没提过加派新任务的事，还破天荒地跑来关心安娜的工作进展，并叮嘱她有困难就提出来，别累坏了身体，等等。

当领导把砖头一块块地往你身上叠加时，他也不是不知道砖头的重量，但是他知道把工作加给一个不懂拒绝的人是件再省心不过的事。你不要因此梦想你理所当然比别人薪水更高或升迁更快。

有时，你不需要大张旗鼓地拒绝领导，只需摆出自己的难处，领导不会觉得你的拒绝很过分。要拒绝领导，就必须告诉他你在时间或精力上的困难，让他明白你既不是傻瓜也不是超人。

2. 不想加班，就必须找个恰当的理由

"世界上最痛苦的是什么？加班！比加班更痛苦的是什么？天天加班！比天天加班更痛苦的是什么？天天无偿加班！"这些关于加班种种看似戏言和怨言的说法，调侃之余也真实地反映了职场中人的生活和工作现状，因为加班已经成为他们生活中的必要组成部分。

身在职场，加班是很多人最痛恨的一件事。面对领导要求的加班，做下属的只能听之任之吗？是不是可以找到合适的理由，既不得罪领导，又能少受一点加班之苦呢？

小李和女友相识 3 周年的纪念日就在这个周五，可是当离下班还有 10 分钟时，小李听到了部门领导的 MSN 呼叫："今天晚上留下来吃饭，约好了一位客户谈目前这个项目。"顿时，小李不知所措。

小李肯定不想错过今天这个重要日子的约会，但是，他又不能得罪领导。他琢磨了一会儿，心想凭着自己几年来和领导的关系，再加上自己幽默风趣的性格，相信领导能够放他一马。于是小李通过 MSN 和领导说："本人是公司著名的妻管严，地球人都知道，要不是为了她，俺哪敢和领导讲条件，再说俺要敢放那口子鸽子，可能会有生命危险。"等了一会儿，MSN 上传了领导的回复："你不用加班了，这事我来做，你去陪你的女朋友吧，代我向她问好！"

看到这句话，小李以最快的速度关掉电脑，拎起包飞奔出了办公室。

"适者生存，不适者淘汰"已成为企业很多人士坚定不移的座右

铭，也是上班族的真实写照。虽然如此，每个人的生活中除了工作
8 个小时，还有亲情、友情、爱情需要时间去维护，若因为工作将其
他的统统放弃，实在是得不偿失。要实现这一目标，需要多学一些
拒绝的技巧。小李的做法也许并不适合每一个人，但也不失为一种
借鉴方法。其实，每个人在拒绝加班时都可以找到恰当的理由，让 8
小时以外的时间真正属于自己。

3. 巧借打电话，逃离酒桌应酬

当单位里有应酬时，领导总想把自己喜欢和信任的下属带去
"陪酒"。得到领导的赏识是一件好事，但有时候确实不愿意去，这
时你该怎么办？如果贸然拒绝领导的好意，很容易得罪领导。如何
逃离酒桌应酬，又能让领导理解，这得用点"心计"。

小王是一家杂志社的采访部主任，本来谈广告业务的事和她
没什么关系，但多年的打拼让她成了交际"达人"，再加上大方、稳
重的气质和漂亮的外貌，主编每当面对大客户时都会想到她，让她
作陪。

但小王对这类应酬很不情愿，因为下班后她希望能多陪陪孩子
和丈夫，享受家庭的幸福生活。几次应酬之后，小王觉得不能再这
样下去，必须想个方法逃离酒桌。当主编又一次要带小王去见客户
的时候，小王并没有当面拒绝主编，而是爽快地答应了。

晚上，小王如约前往。酒桌上，小王看出这次的客户确实来头
不小，而且对他们的杂志比较认可。陪客人的除了她和主编外，还
有杂志社的投资人以及广告部的主任。小王不知道自己的到来是否
能起到一定的作用，但她还是不辱使命，施展着自己的交际才华。
时间过去大约半个小时，小王的电话响了起来，于是小王离桌接电

话。一会儿，小王回来，焦急地和主编说，自己的好朋友谢菲打来电话，说她得了急性阑尾炎，其家人不在身边，需要她去照顾。主编和在座的各位一看到这种情况，马上就答应了，让小王赶紧去。

就这样，小王一边说着抱歉的话一边急匆匆地离开。

出门后，她给好友发短信："终于逃离了，谢谢你哟。是你的'阑尾炎'救了我！"

相信很多人都有同感。那些特别注重家庭生活的都市白领，都希望自己能和家人共进晚餐，享受其乐融融的家庭氛围，而不是去酒桌旁陪客户、陪领导。在工作与家庭之间，在薪水与面子面前，他们往往不能按照自己的意愿行事，哪怕勉为其难也得将就着。不过，有时还是可以利用一些巧妙的方法，将那些不喜欢的应酬统统甩掉。就如小王这样，运用打电话救急，不失为一个好办法。

4. 巧妙应对，避开另类"骚扰"

身在职场，很多女性容易遭遇一个普遍的问题——性骚扰。在工作场合，性骚扰有时候会来自领导。该怎样去应对性骚扰又不得罪领导呢？

最近一次公司聚会后，伊茜发现老板罗伯特有点问题。饭后伊茜要回家，可罗伯特说要去唱歌，并且一个都不许走，其他同事都赞成，伊茜也不好反对。伊茜因为喝了点酒有点头晕就靠在沙发上，偶尔为他们选一些歌。罗伯特坐在离伊茜不远处，突然在和伊茜说话时用手轻轻地划了一下她的脸，伊茜想罗伯特可能喝醉了，于是离他更远了一些。终于一曲完了，伊茜准备回家，没想到他跟着伊茜离开。电梯里只有他俩，罗伯特抱住伊茜说："亲一下！"伊茜说不行。这时电梯停了，进来几个人，他只好放开了伊茜。

后来伊茜想他大概是喝醉了，自己以后不参加这种聚会就是了。可没过几天，罗伯特的秘书很神秘地对伊茜说，后天还有个聚会，大家都得参加。伊茜心里暗暗叫苦，麻烦来了！伊茜后来找了一个理由，躲了过去。然而，这几天罗伯特总是有意无意地来到伊茜的办公室，伊茜只好跟他谈工作的事。但他总是有意无意地把话题往别的方面引，伊茜思前想后终于想出了一个主意。伊茜和罗伯特的妻子是老同学，于是伊茜周末约罗伯特的妻子一起打牌、游泳，他知道这些事后，便不再"骚扰"伊茜了。

遇上想占便宜的领导是职场女性最烦恼的事，因为处理不好便会丢了工作和声誉。案例中的伊茜对付领导的性骚扰方法得当，巧妙地保护了自己，值得职场女性学习。

巧设玄机，瞬间看穿
人心的问话

第一节 问话热身，消除冷状态

生活中，当我们与某人第一次见面时，不管多想了解对方，一定不能忽视问话禁语，要耐下心来慢慢诉说。

第一次见面，不管出于怎样的目的，总希望尽可能多地了解对方，一个又一个的问题接踵而至。殊不知，这样的问话方式会给对方造成不适之感，对本就不熟悉的另一方，戒心会更重。最开始问话的一方往往觉察不到这种迹象，直到对方表现出明显的回避与提防时，问话方不得不就自己的问话做一番解释。于是疑云消散，双方的交谈才逐渐融洽。但是，如果在对话的最开始就讲明自己询问某些事的原因，交流的效果是不是会更好呢？

小超是动漫爱好者，最近又迷上飞机模型的制作，经人介绍认识了一个叫赵彦的模型高手，两人一见面就谈了起来。

小超："听说你是这方面的行家？"

赵彦："也不算吧，只是喜欢玩而已。"

小超："你做这个多少年了？听说这行有些人很神秘，之前都是专门做飞机的？飞机的原理是不是很复杂？有没有什么有意思的事透露一下？"

听了小超的这几句话，赵彦的面部表情突然严峻了起来。

"你问这些干什么？我不知道。"

感到对方有明显的抵触心理，小超连忙说道："不好意思，我解释一下，我之所以问你飞机原理的事，是因为最近我在学着做飞机模型，我朋友没跟你说？"

赵彦摇摇头："他只说你想认识我一下，没说具体是什么原因。"

"哦，那就是我的不对了，我应该提前告诉你我那么问的原因。除了飞机原理，我还想知道咱们国内制作飞机模型的整个状况、经费、材料源，等等，毕竟我刚接触这个，这方面的知识还非常缺乏，可以吗？"

"当然啊。你一解释我就明白了，不然一见面就问我飞机原理什么的，我以为你是间谍呢。"

"哈哈，我的错，我的错。"

小超就犯了只问而没有解释的错误。他的问题让对方疑虑重重，甚至因为问题的敏感怀疑他是间谍。因为有这样的想法，对方的心就会关得更紧，而交流自然无法畅通。在这个过程中，对方还是一副戒备心，没有把小超当真正的朋友，而小超那样问，也是没读懂对方的表现。

不熟悉的人相见，认知总需要一个过程，切不可因为想急切了解某些问题而忽视了思想"互通有无"的过程。简而言之，就是让对方明白对话的目的，让他心中有数，他才会对你的问题予以解答。

小超一开始就问，到后来对问话予以解释，就是感觉到对方内心的变化：由陌生到抵触，不解释可能更加防备，这样发展下去的后果很可能是不欢而散。小超热情四溢，对方却一直是冷状态。

所以，生活中，当我们与某人第一次见面时，不管多想了解对方，一定不能忽视问话禁语，要耐下心来慢慢诉说。尤其要注意，在一些需要解释的问题之前做出必要的解释，跟对方说明自己这样问的意图。这样才能让他敞开心扉说出自己的想法，你也会更加了解这个人。

第二节　求同存异：认同与被认同里的玄机

心理学上讲，人往往会因为彼此相似的秉性或经历走到一起，在认同和被认同的过程中，慢慢由陌生变得熟悉。

一个严冬的夜晚，两个人初次见面。

对话一：

"今天好冷啊。"

"是啊。"

"……"

"……"

对话二：

"今晚好冷！像我这种南方人，尽管在这里住了几年，但还是难以适应这种天气，你感觉怎么样？"

"是啊，我父母虽然是北方人，但我也从小在南方长大，在这里也不适应。"

"你也是南方的？你是南方哪儿的？"

"我是南方……"

以上两段对话均来自两个陌生人初次见面的情景。第一段对话里，两人见面说的第一段话非常普通："天很冷啊""是啊"。从字面上就能判断出双方的聊天能力一般。

第二段对话则不同。第一个人见面就说自己是在南方长大的，对北方这种寒冷的天气很不适应，然后又问对方感觉怎么样。对方虽不是纯正的南方人，但是在南方长大的。因此，两个人有共同话题，你来我往，彼此就会越来越融洽。

从第二段的话中可以分析到，尽管见面的两人一个是纯正的南方人，另一个只是从小在南方成长，父母是北方的，两者虽有差异，但主动问话者故意忽略这种差异，只强调双方的相似性：都在南方有一段成长经历，对北方寒冷的冬季极不适应。因为有相似的经历，话题才会越来越多。

心理学上讲，人往往会因为彼此相似的秉性或经历走到一起，在认同和被认同的过程中，慢慢由陌生变得熟悉。没有人希望与自己对话的人毫无相同点，那样的话，两人很难有聊得来的话题。甚至，有可能爆发矛盾冲突，这也是第二段的问话人求同存异的原因。

因为有相同的地方，第一次见面的两个人才会渐渐有亲切感，慢慢放下戒备心。除此，消除陌生感的方式还有以下几种：

1. 攀认式

赤壁之战中，鲁肃见诸葛亮的第一句话是："我，子瑜友也。"子瑜，是诸葛亮的哥哥诸葛瑾，也是鲁肃的挚友。短短的一句话就定下了鲁肃跟诸葛亮之间的交情。其实，任何两个人，只要彼此留意，就不难发现双方有这样或那样的"亲""友"关系。

例如，"你是 ×× 大学毕业生？我也在 ×× 进修过两年。你还记得 ×× 吗？"

"你来自苏州？我出生在无锡，两地近在咫尺，今天得好好聊聊！走，有没有兴趣喝一杯？"

2. 敬慕式

对初次见面者表示敬重、仰慕，是热情有礼的表现。用这种方式必须注意：掌握分寸，不能胡乱吹捧，不要说"久闻大名，如雷贯耳"之类的过头话。表示敬慕的内容也应该因时、因地而异。

第三节　锲而不舍，由浅及深问到底

人与人相遇，不是无话可聊，而是没有找到适合双方的话题。这样的话题常常需要一个试探的过程，要想经历这个过程，就要有锲而不舍的精神，不能因为一两次的受阻就不再问下去。问得越深、越广、范围越大，就能找到尽可能多的谈资。

在某些沉闷的环境里，没有人愿意开口跟陌生人说一句话，这是出于一种防备心理，这时，该怎么办呢？你也一直沉闷下去吗？

假如你正坐在火车上，已经坐了很久，前面还有很长很长的路程。你想与他人讲讲话，这是人类的群体性在作祟，你要尽力使你的谈话显得有趣和富有刺激性。

坐在你旁边的像是一个有趣的家伙，而你颇想知道他的底细，于是你便搭讪道："对不起，你有火柴吗？"

可他一句话也不讲，只是点点头，从口袋里掏出一盒火柴递给你。你点了一支烟，在还给他火柴时说了声"谢谢"，他又点了点头，然后把火柴放进口袋里。

你继续说："真是一段又长又讨厌的旅程，你是否也有这种感觉？"

“是的，真讨厌。”

他回答着，而且语调中包含着不耐烦。

“若看看一路上的稻田，倒会使人高兴起来。在稻谷收获之前的一两个月，一定更有趣吧？”

“嗯，嗯！”他含糊地答应着。

这时，如果你没有勇气问下去，你们的谈话就到此为止，沉默继续。

但如果你不再问一些表面问题，而是换一个稍微深入的，能引起他兴趣的话题，对方可能就不再沉默了。

“今天天气真好啊，真是适合踢球。今年秋天有好几个大学的球队都很出色，你对这件事有关注吗？”

这时，那位坐在你身旁的乘客直起身来。

“理工大学球队怎么样？”他问。

“理工大学球队很好，虽然有几个老将已经离队，但那几位新人都很不错，这个球队你也关注？”

“嗯，是的，你曾听过一个叫李小宁的队员吗？”他急着问。

或许李小宁这个人你听说过，或许没听说过。这都不是关键，关键是李小宁这个人能引发对方的谈话兴趣。你可以顺着他的话说：“他是一个强壮有力、有技巧，而且品行很好的青年。理工大学球队如果少了这位球员，恐怕实力将会大减。但李小宁毕业了，以后这个队如何还很难说。怎么，你认识他？”

这位乘客听了这话便兴高采烈、滔滔不绝地谈了起来。

可见，人与人相遇，并不是无话可聊，而是没有找到适合双方的话题。这样的话题常常需要一个试探的过程，要想经历这个过程，就要有锲而不舍的精神，不能因为一两次的受阻就不再问下去。

问得越深、越广、范围越大，就能找到尽可能多的谈资。挖掘对方最感兴趣的话题，让原本陌生的两个人逐渐熟悉起来，谈话气氛也会变得融洽。

面对陌生人时，为了迅速打开话匣子，可熟练掌握以下几种方法：

1. 从对方的口音找话题

对方的口音可以告诉我们他大概的出生地或居住过的地方，从此处入手，询问相关的风土人情、著名人物等问题，激发对方的谈话欲望。

2. 从与对方相关的物品找话题

对方携带的东西通常跟他的兴趣爱好有关，从此处入手，更容易打开对方的话匣子。

如果对方在看一本体育杂志，一句"你是喜欢体育吗"，就会让双方的距离瞬间缩短很多。

3. 从对方的衣着打扮找话题

一个人的穿着常常反映他的品位，如果从他衣服的品牌开始交谈，沟通或许会更加融洽。

第四节　做足功课，提前摊牌

主动抛出问题，打乱对方的心理节奏，让他自乱阵脚，自己会逐渐在对话中占据优势。

小董是一家公司的业务员，上班不久就被派到外地去收欠款。

欠钱的是一家实力不弱的公司。临去之前，小董还特意调查了对方的资料：实力雄厚，老板为人正直。小董想，之所以钱一直要不回来可能是因为旧账，业务员换了好几个，程序都接不上了，这次他好好跟对方说说，应该没什么大问题。但是，直到他见到那个老板，小董才知道，他把事情想得太简单了。

小董："您好，您是这家公司的老板吧？我是××公司的业务员，我是为那笔旧账来的，您应该知道吧？"

那人一听，眉毛一横。

"旧账？什么旧账？我从来不欠人家什么。"

没想到对方会抵赖，小董拿出了账单，说：

"要不您看看？我说得没有错，不然会来麻烦您吗？"

那人看都不看就把账单打到一边。

"什么账单？我不看，别浪费我时间。"

小董一看，对方确实不好对付。不能再任由他这样下去。他不认账，小董就主动问。

"你赖账也罢不赖账也罢。白纸黑字都在这写着呢，2005 年 20 万的货是怎么回事？一个叫李明的业务员从我们公司拉了货就回，说过几天就给钱，这都过了多少天了？钱呢？你可能会说你们公司没这个人，告诉你吧，来之前我打过电话核实了，人还在你们公司，哪个部门我都知道。"

"胡扯，根本没有这事。"

"还想抵赖，2005 年 6 月份还有一笔货款没结，也说过几天。我们看是老客户就没追着催，这账单上都写着，上边还有你的签字和指纹，你不会说这些也是假的吧？"

"哪有签字？哪有指纹？"那人嚷着要抢账单，小董赶紧躲开了。

"来之前我已经想好了，能自己解决就自己解决，不能解决直接跟相关部门汇报，你要是威胁我的人身安全，我就打110，没想到我会这么做吧？还想一直赖下去吗？"

之前一直非常嚣张的欠债人听到小董要报告相关部门，突然紧张得一句话也说不出来。如果被处罚，公司的损失肯定更大，在整个业界的声誉也会非常坏。想到这里，那人就软了下来。

"年轻人，不要太冲动嘛，有事好说，还用得着惊动上级领导吗？我也是小本经营啊。"

"既然知道做生意不容易，为什么还要为难我们？非得让我这样你才满意？"

"好，好，我还你们欠款，今天就办。"

当遇到一个蛮横的人时应该怎么办呢？当这个蛮横的人又恰好欠了你东西就是不还的时候，又该怎样处理？相信，这样的问题让很多人都有挠头之感。但是，他的硬是一贯为之还是欺软怕硬呢？

小董最开始本想用和风细雨的方式让对方还钱，他想在循循善诱间让对方明白欠债还钱的道理。对方提一个问题自己就回答一个。渐渐地，小董察觉到对方一直在抵赖，而他的蛮横也让小董明白软弱被人欺。小董决定主动出击，将问题在对方问出或者躲避之前一一抛出，让他没有退路。同时，在气势上压倒他。

直到小董说将欠债的事上报上级领导，质问对方怕不怕，欠债方才彻底服软。先前的嚣张气焰不见踪影，取而代之的是迎合。小董问到对方的痛处和畏惧的地方，他当然只有"束手就擒"的份儿了。试想一下，如果小董不问这个问题，对方可能会一直抵赖下去，心理上一直保持强势状态。主动抛出问题，打乱对方的心理节奏，让他自乱阵脚，自己会逐渐在对话中占据优势。

有些人的强大是装出来的，为了达到自己的私利用假面迷惑别人。这样的人，通过外在并不能看出什么端倪，只有通过交谈，才知道他的强大到底是实还是虚。而最佳的交流方式之一，先将存在的问题抛出，而不是被动地接受问题。

主动抛问题代表一种强烈寻求掌控权的思维模式，只有有了掌控权和话语权，对方的思想才能渐渐被你掌控，掌握了一个人的思想，他的心思还会无法看透吗？

第五节　留心关键，反复提问

两个人初次见面时，不管对方有怎样的身份和地位，也不管他将自己说得多么悲惨，切不可偏听偏信，而要留意对方话里的关键因素，用不得结果不罢休的态度问下去，多问几遍，或许能问出不一样的内心，而这些内容才能带你走进对方的心里。

一位面容忧郁的太太走进一家心理诊所，还没完全落座就对心理医生说："医生，快帮帮我吧，我不知该如何是好，我就要精神崩溃了。"

"太太，你怎么了，你看起来确实不怎么样。"

"我先生每天都很晚回家，回家也不理我，问他做什么去了他说是加班，但我有时闻到他身上有香水味，加班还用喷香水？我怀疑他背着我做了什么见不得人的事。"

"你说'你怀疑'？"

"是，我怀疑。他每天都这样，我已经受不了了。"

"但你确定吗？"

"医生，是女人的直觉，女人的直觉你懂吗？而在男女双方之间，只有男人可以有外遇，可以拈花惹草，女人却不行。"

"你说'只有男人'可以？我好像听出别的什么意思，你能解释一下吗？"

"这很好理解啊，男人什么事做不出来？在以前，大家都觉得男人在外边找女人很风光，但现在不一样了，男女平等嘛。"

"你的意思是女人现在可以和男人一样有外遇了？"

"我不是那个意思，那可能是气话。我只是想表达，我先生瞒着我做这种事让我很生气，我无法容忍！"

"你是说如果你先生告诉你这件事，你就会允许他这么做了是不是？而为了表达你男女平等的观念，你也会找别的男人是不是？"

那位太太还想否认，但看到医生坚定的眼神，也只好不情愿地承认了。

故事中的太太和心理医生第一次见面，太太是来埋怨、发泄不满的，却没想到，最后竟然被医生逼问出令人惊讶不易察觉的真实意图。他是怎么做到的：只抓对方话里的关键点，着重提问，就可看出对方的端倪。

最开始，医生也不知道对方的真实意图是什么，但当他听到"我怀疑""只有男人"等字眼时，就马上意识到，这是个有企图心的女人。"我怀疑"反映出她主观性比较强，只会去臆想，"只有男人"则透着某种"醋意"：只有男人可以，我们为什么不行？

这句话应该是那位太太的潜台词，她没敢说出来是因为，她是抱着让医生出几条对付丈夫对策的心理来的，根本没想到自己会出问题。她可以刻意掩藏自己的心意，在对话中却不能做到完全没有瑕疵，不露马脚。医生正是利用这一点，抓住了对方话里仅有的一些迹象大加追问，终于逼出她的心里话：丈夫有外遇，我也要有外遇。

不管这是生气时的思想还是蓄谋已久的想法，归根结底被医生问了个正着。女人的心态也由此发生极大的变化：开始的怨恨、受委屈到后来被点破真实意图后的愧疚和不安。试想一下，如果医生在整个谈话过程中没有抓住对方话里的关键点追问不止，而是顺着她的话听下去，问下去，对方的真实意图还能被挖出来吗？结果很可能是否定的了。

这给我们一个提醒：两个人初次见面时，不管对方有怎样的身份和地位，也不管他将自己说得多么悲惨，切不可偏听偏信，而要留意对方话里的关键因素，用不得结果不罢休的态度问下去，多问几遍，或许能问出不一样的内心，而这些内容才能带你走进对方的心里。

巧嘴问话，说服别人为你办事。

第六节　投桃报李，亲近之人也需"糖衣攻势"

生活中，不管是亲戚还是其他有亲密关系的人，一旦要麻烦他为自己办事，就可学着嘴甜一点，腿勤一点，多给对方一种被关心、被呵护的感觉，他自然而然会给你提供帮助。

李凌今年27岁，能力很强，做过几年生意，小发了一笔。但他不满足，总想干个大点的生意过瘾。刚好村里的鱼塘要对外承包，他有心把池塘承包下来，但手头上的资金还是不够。

　　他左思右想，想到一个远房亲戚，是他母亲的表弟，按辈分应该叫老舅，在县城承包了一个企业，经营得不错，是县城有名的"土财主"。可李凌想到自己与他关系疏远，好长时间没走动了，贸然前去，显得突兀不说，事情肯定办不了。怎么办呢？他决定先把关系搞好，和这位老舅亲近起来。他打听到这几天老舅身体不太好，时常犯病，看准时机，拎了一大包的滋养品，来到老舅家。

　　"老舅啊，有些日子没来看您了，您老人家怎么病了啊？年纪大了，可要多注意身体，别太操劳了。今天给您带了些东西过来，补补身子，您不会嫌少吧？"

　　李凌非常热情地说着，并把东西放到老舅的桌子上。

　　俗话说"礼多人不怪"，虽说两家好长时间没走动了，但今天外甥拎了那么多的东西上门，而且是在自己生病的时候，这位老舅心里格外高兴：

　　"小子，你今天能过来，老舅我别提多高兴了。今天中午咱俩喝两杯。"

　　于是，李凌留下热闹了一番。

　　自此，两家关系好了起来。李凌隔三岔五地来看他老舅。不是问他身体怎么样，就是问他最近想吃什么，面面俱到。看到李凌这么关心自己，老舅也非常高兴，视李凌如亲生儿子。李凌一看时机成熟了，这天他拎了两瓶酒到老舅那里，两人喝了起来。

　　李凌说："老舅，上次我给你买的补品吃完了吗？吃完了我再给你买。"

　　"不用，太破费了，还有好多没吃完呢。孩子，我看出来了，你对老舅不错，我是你长辈，往后有什么困难尽管和我开口。"

　　李凌一听，故作激动万分的样子，连忙把承包鱼塘的事情说了。

老舅听了之后说：

"好啊，有志气，有魄力，老舅大力支持！人就应该干一番事业，想法很好，不过具体做时一定要慎重，年轻人千万不能急躁。"

李凌连忙点头称是，接着把资金短缺的事也说了出来。最后，李凌顺利地从老舅手里借到 3 万元承包了鱼塘。

无论求谁办事，即使是关系亲密的人、有血缘关系的亲戚，也要懂得投桃报李。

李凌想承包鱼塘开创一番自己的事业，但缺少足够的资金支持。就在不知如何是好的时候，他想到了老舅。老舅家底殷实，可以在资金上给他支持。但李凌明白一个道理，即使是亲戚，求他办事的时候也要注意方法，不能想当然，也要懂得适时给予回报。

为了搞好和老舅的关系，李凌频繁地出入他家。关心他的身体，关心他的方方面面，还给他买各种补品。在这个过程中，原本有些疏远的两家慢慢亲近，有了这些铺垫，李凌才开口求舅舅办事。

李凌对舅舅的关心不是虚情假意，只是一种求人办事的方式。即亲戚之间也要给些好处。现在很多亲戚交往中，存在一种误区，那就是：亲戚关系是一种血缘、亲情关系，彼此都是一家人，互相帮忙办事都是分内之事，是应该的，没必要像其他关系那样客套。其实，这种想法是不对的。血缘关系虽说是"割断了骨头连着筋"，但亲情的维持也在于彼此的相互帮助与知恩图报上。

所以，在故事中，当感觉李凌这么关心自己，他的舅舅非常高兴，尤其是李凌对其嘘寒问暖的时候，心里也暖暖的。猜想一下，即使舅舅知道李凌是为了让自己帮他才这么做的，舅舅也会心甘情愿地帮他。明白事理的孩子总是招人喜欢的。当然，其中更关键的是他的问话，人毕竟是感情动物，还是听觉动物，听到别人关心自己的生活起居，就会有一种感动，有了这种感觉，办事就会容易许多。

生活中，不管是亲戚还是其他有亲密关系的人，一旦要麻烦他为自己办事，就得学着嘴甜一点，腿勤一点，多给对方一种被关心、呵护的感觉，他自然而然会给你提供帮助的。

第七节　借花献佛，潜伏在"醉翁"心里的游戏

借花献佛，醉翁之意不在酒。平时的生活中，我们也可学着这种方法邀请别人，这不是耍心机，而是运用小技巧，为自己办事。

有时候，邀请别人赴宴是一件难事。不是因为关系不好，而是因为对方本来就不爱赴宴，遇到这种情况应该怎么办呢？

有一名年轻人，胸怀大志，他很想自己开一家小公司，资金却是大问题。他想到可以求同学的父亲帮忙，于是千方百计地从同学那里打听到其父喜食海鲜，便决定到附近一家海鲜馆宴请同学的父亲。这位年轻人从同学口中得知其父不轻易赴宴，于是年轻人想了一个方法。

月末的一天，这位年轻人很早就给同学打电话得悉其父周末在家休息。于是上午10点左右他风风火火地跑到那位同学家，当着其父亲的面告诉同学自己投资的一个项目赚了一笔钱，要请同学吃海鲜，同时也大力邀请同学的父亲一起去。

"叔叔，我投资的一个项目赚了一笔钱，我们想坐一起高兴高

兴，您作为长辈就更不能缺席了不是？"

刚开始同学父亲有些犹豫，他就对同学说："让你爸爸跟咱们一起去热闹热闹，也不算什么过分的事吧？"

同学听了这句话，笑着看看爸爸，他爸爸也笑笑说："好，好，那我也跟着凑凑热闹。"邀请之事就这样办妥了。

在酒桌上，年轻人和同学的父亲谈起自己的生意，并说自己眼前遇到的困难，希望对方能帮助自己。当时同学的父亲并没有答应，而是说回去考虑一下。没想到，一周之后，同学就告诉他，自己的父亲愿意帮他办公司，那位年轻人高兴得不能自己。

很多时候，怎样邀请别人成功赴宴是一门很深的学问，尤其是让别人为自己办事的时候。在上面的故事中，年轻人就遇到一个不易邀请的人，他之所以能说动对方的心，就在于他巧妙的问话。

同学的父亲有资金，而自己开公司又需要资金。问题的关键是，其父亲不知道自己缺钱，而知道了也不一定愿意帮自己。想到这里，他就觉得可以借请同学吃饭的机会，也请他的父亲一同出席。"单约不行，还不允许我一起约出来吗？"有了这种想法，才有他接下来的巧妙问话。

其实，自己的项目赚了钱，与同学父亲本没有多大关系，但他的真实目的是想借助同学父亲的能力帮助自己，所以就使出了"借花献佛"这一招——邀请同学的同时也将其父一起邀请。看见儿子跟同学的关系那么好，这个同学又那么热情，一同赴宴也就没什么。

仔细分析，同学父亲之所以能答应年轻人的借款要求，在于其心态的微妙变化。首先，同学父亲并没有把年轻人看作一个借款者，只看作一个晚辈，也没有想到请他吃饭带有某种目的，有了这种心态，他的心里没有设防，也间接地促成了对方的借款之举。

借花献佛，醉翁之意不在酒。平时的生活中，我们也可学着这种方法邀请别人，这不是耍心机，而是运用小技巧，为自己办事。

别具一格，在面试中脱颖
而出的自我推销话

第一节　逗笑考官算你赢

考官一般都欣赏有自信的人才，更别提把他逗笑之人，也许这就是风趣让面试者无往不利的原因所在。

为了应对人生大大小小的挑战，你需要力量——不论你为人父母或为人子女，教师或是学生，售货员或是消费者，老板或是职员，上司或是下属，幽默都能赋予你战胜困难的力量。

幽默的力量体现在沟通上，就像我们打开电灯开关，电流便沿着电线输送到机器上一样，只要按下幽默的按钮，就能促使一股特别的力量源源而来。我们可以把这股幽默的力量导向他人，并与他人直接沟通。

有了幽默，我们可以学会以笑来代替苦恼；借着幽默的力量，我们能使自己和他人超越痛苦。

大多数人刚进入面试时大都表现得略显紧张，不少有能力、有才华的人为此痛失机会。对面试官来说，紧张慌乱的应聘者，意味着也不能胜任工作。此时，你可以发挥，调节一下气氛。会说笑是一种优美的、健康的品质；幽默也是人与人之间的润滑剂，是敏锐的心灵在精神饱满、热情洋溢时的自然流露。每个人都喜欢有幽默感的人。幽默在某种时刻扮演着通向事业坦途的一盏明灯。

幽默的谈吐，既清楚表达了自己的中心意图，又新颖、不落俗套，因而这位求职者获得了成功。

到达成功彼岸的路有千万条，而幽默是助你马到成功的阳光大道,风趣的语言是你潇洒走一回的必需品。

在紧张的面试中,幽默是自信的最佳表现。考官一般都欣赏有自信的人才,更别提把他逗笑之人,也许这就是风趣让面试者无往而不利的原因所在。

一位大学毕业生走进一家报社问:"你们需要一位好编辑吗?"言下之意自己就是"好编辑",语言很是自信。

"不。"拒绝却是那么干脆。

"那么,好记者呢?"语言还是那么自信。

"不。"拒绝还是那么干脆。

"那么,印刷工如何?"依然是坚持不懈。

"不。"看来是没戏了。

可是——

"那么,你们一定需要这个东西。"这位大学生从公事包里拿出一块精美的牌子,上面写着:"额满,暂不雇用。"

报社主任笑了,也开始用一种新的眼光来审视面前这位年轻人。最后,这位年轻人被录用为报社销售部经理。

自信的语言应答不仅有助于受试人吻合招聘者既定的聘用期望,而且可能重新塑造招聘者的聘用愿望。

有的人不仅利用幽默风格表现出自信,而且幽默得有些内涵,这样的面试者无疑会受到考官的青睐。

还有一位同学,他在面试时,老板问他:评价一下罗纳尔多和乔丹,看看哪个更厉害。

"我觉得他俩都没我厉害！"他很是得意地说。

"啊?!"老板一头雾水。

"我要跟罗纳尔多打篮球，跟乔丹踢足球，看看到底谁更厉害！"

他的回答不仅幽默，而且很富哲理，后来他果真被老板录用了。

幽默是自信的表现，是善于处理人际关系的反映。哪里有幽默，哪里就有活跃的气氛；哪里有幽默，哪里就有成功的喜悦。为此，面对非常严肃、紧张、决定前途的面试，不妨来点幽默，不仅使自己放松，也让考官记住你，可能还会使你在面试中脱颖而出。

第二节　讨价还价不难启齿

在谈及薪酬时，不要以为面试官第一次报出的数目就一定是他们决定付给你的最终价格，如果觉得不满意，不妨适当表达自己的意见。

在中国人的传统思想里，谈钱是一件很俗气的事，尤其是在求职面试的情景之下，开口谈钱更是一件左右为难的事。主动问吧，怕被人看成是斤斤计较，只追求金钱利益的人，弄不好还会得罪招聘方；不问吧，自己心中又过不去，万一等到最后发现薪酬低得难以接受，岂不是竹篮打水一场空？很多大学生在求职面试时由于缺乏社会经验，对于用人单位提出的薪酬要求更是讳莫如深，难以启齿，通常支支吾吾半天仍词不达意。但如俗话所说："谈钱很俗气，但是很实际。"工作的最终目的是为了生活，薪酬问题并不是一个那么潇洒、无关紧要的问题。

我们必须明白在求职过程中，求职者总要面临薪水问题，总免不了一场讨价还价。有经验的求职者，把讨价还价同展示自己的智慧与实力有机地结合起来，通过谈判，既争取了预期的待遇，又展示了自己的能力，可谓是一举两得。

但是，目前有一种说法，即在择业过程中，最好不要问薪酬，否则可能引起招聘者的反感。甚至有的人事经理绝对地说，如果应聘者主动问薪酬，我肯定让他走人。

这就给应聘者出了一道难题。其实，问题的关键并不在于该不该问薪酬，而在于问这个问题要把握好时间、地点和发问方式。

在人才交流会上，当你递交应聘资料时，可以不失时机地问一声：这个岗位的收入大约是多少？由于交流会人多嘴杂，招聘者忙得焦头烂额，可能不经意露出真相。如果他不愿回答甚至反感，由于此时乱哄哄的，他也不大可能记住你。

但正式面谈时另当别论。情况要比这种时候复杂些。

一些求职者，尤其是应届毕业生，初次面对求职，由于不知道如何回答薪酬问题，常常对于招聘方提出的此类问题讳莫如深。如果招聘方是在面试初期提出这个问题，通常可能是对你的试探，千万不要轻易开口，最好的回答是："我很愿意谈论这个问题，但能不能先请你谈一下工作内容？"或说："在你决定雇用我、我决定在这儿工作之前讨论这个问题为时过早。"大多数情况下，这样的说法都是得体而奏效的。

但在面试后期，即使你一再避免谈及薪水，也仍然会有面试官要求你正面回答这类问题。这时，你要有技巧地回答。

薪酬问题一定要说，但说多少呢？这时的难题是：要价太高，会"吓"跑老板，让人产生"狮子大开口""自视过高"等不够谦虚的负面印象；要价低，则很可能将来进了公司发现同等职位的同事们都比自己拿得多，觉得委屈不说，往往还会影响工作的热情，吃哑巴亏。因此，这时给自己"算"出一份合理的薪水是很重要的，那么，究竟该怎样算出自己的"定价"？

一般来说，大多数职位在市场中都会有一个公认的薪酬价格，当然，这些行情价也会因公司的性质、规模、行业的不同等有不同的弹性。比如，同是文员，外企和中小型公司相比，薪酬就会相差很远。因此，在求职前首先需要做的是把你要应聘的职位在同等类型、规模公司里的行情价打探清楚。

行情价只是大致标准，弄清楚后，你要做的就是考虑如何讨价还价，为自己争取尽可能多的利益。在这里面，你应聘职位的可替代性大小在很大程度上决定了你讨价还价的资本有多少。职位可替代性越小（一般来说都是偏于技术性、技能性等方面的工作），还价的资本就越高，你也就可以放心地提出自己的要求。如果可替代性大，没了你谁都能干的那一种，则劝你还是少还价或别还得太厉害为妙。另外，职位越高的工作，还价允许的幅度也就越大，反之，则越小。

工作经验和学历在不同的行业、公司也有不同的分量。如果你要应聘的是管理方面的工作或是技术工种的工作，那么你拥有的工作经验将非常重要，这也会极大地影响你的薪酬。至于学历，则要看你的工作对学历的要求度是多少。一般来说在大公司里，高学历被认为高素质，学历比较重要。而对于一些小公司，也许他们更情愿要一般的实干型人才。所以，自己的经验和学历值多少，在定价的时候还得掂量掂量，做到心中有数。

薪酬定位明确以后，还要学会讨价还价。

涉及工资时，应坦然地与主考官交谈，说出自己的要求，只要工资要求合理，就不会改变自己在主考官心目中的印象。

在谈及薪酬时，不要以为面试官第一次报出的数目就一定是他们决定付给你的最终价格，如果不满意，不妨适当表达自己的意见。求职时关于薪酬的讨价还价不仅是对自身利益的捍卫，还可以反映求职者的智慧、才识以及对行业的熟悉程度。

一般情况下，很少招聘单位会给你超过最初提出的薪水数目。因此，谈判时应注意避免先主动亮出底牌，而应让面试官先报出他想给的薪酬，后发制人，才有回旋余地。如果对方报出一个合乎自己意愿的数字，不要喜形于色，沉默一下，显得像是对这个数字不感兴趣的样子，然后在面试官报出的价格上提高 15% ~20%，并再次强调自己拥有的一些特殊能力。但如果你发现他们的第一次报价就是唯一，可以略为沉吟，再落落大方地表示可考虑先接受试试。

在谈判过程中，如果用人单位坚持让你先开价，可以以该职位的通常薪资为铺垫，再告诉其一个大致的薪酬范围。真正有诚意的用人单位都明白，只有提供合理的薪金，才能调动员工的积极性，留住人才。理想的薪酬数，应是用人单位和求职者双方都能接受的，而求职者应表现一定的灵活性。

总结起来，面试谈到薪酬问题有几个注意点：

（1）切勿盲目主动提出希望得到的薪酬数目。

（2）尽可能从言谈中了解，用人单位给你的薪酬是固定还是有协商余地的。

（3）面试前设法了解该行业薪酬福利和职位空缺情况。

在协商过程中，如果用人单位要你开价，可告诉其一个薪酬幅度。如他一定要你说个明确数目，可问他愿意付多少，再衡量一下自己能否接受。

工作谈判不能像其他谈判那样，一味设法提高对方开出的条件，而对方只顾压低你的价钱。把原来和谐的气氛弄成敌对的局面，这对你实在没有好处。

谈判一旦出现僵局，不妨把话题转移到有关工作的事情上。例如，对方有心压低你的薪酬，就可将话题转移到你上任后有何大计，如何扩大市场占有率和降低产品成本等，这样原来紧张敌对的状态，很快会变成同心协力的局面。

谈薪酬的时候，不一定只拘泥于薪资本身。不妨在谈的过程中强调薪水和你应聘职位的关系。让招聘官听到的不光是数目，而且还对你的回答留下如下的印象：薪酬是重要的，但你更在乎的是职位本身，你喜欢的是这份工作的内容和挑战；你所报出的数目是因为后顾无忧的待遇更能让你在职业安全的条件下发挥自己，为公司带来更大的效益。

如果你是个有一定工作经历的人，不妨提一下以前的工作薪水，这样很容易给面试公司一个比较明确的参考答案。当然，前提是你让招聘官相信你所有的技能、经验契合这个职位并且值这么多钱。

如果受公司预算限制，比你现有或以往的薪水还要少。只要你认定这是一份理想工作，不妨暂时不谈薪水。待对方认定你是最佳人选，再尝试以工作为由，多要求些福利津贴。例如若想要求提高公务开销，就应说以往工作顺利，全因频频与客户交际应酬，从而提出担心公务开销不够，雇主也会乐于增加这方面的津贴。

第三节　自我介绍有说法

自我介绍并不是随心所欲地进行，一个恰到好处的自我介绍能给主考官留下深刻的印象，反之则会让你的面试一开始就一塌糊涂。

求职面试时，招聘者手中往往拥有许多求职履历表，这里面的应聘者个个实力雄厚，所以招聘者想知道的是你和别人相比有什么独到之处。在能力相同的情况下，那些求职者之所以能够成功，关键在于他们自我介绍的出色表现。

自我介绍并不是随心所欲地进行，一个恰到好处的自我介绍能给主考官留下深刻的印象，反之则会让你的面试一开始就一塌糊涂。自我介绍是有讲究的，可以从以下几个方面着手。

1. 彬彬有礼

作介绍前，先对主试官打个招呼，道声谢，如："经理，您好，谢谢您给我这么好的机会，现在，我向您做个简单的自我介绍。"介绍完毕后，要注意向主试官道谢，并向在场面试人员表示谢意。

这能给主试官留下很好的印象。没有人会拒绝谦恭的态度。

2. 主题明确

自我介绍时，最忌漫无中心，东扯一句西扯一句，或陈芝麻烂谷子事无巨细地谈，让人不知所云。求职面试中的自我介绍宜简不宜繁，一般包括这些基本要素：姓名、年龄、籍贯、学历、学业情况、性格、特长、爱好、工作能力和工作经验，对于这些要素该详述还是略说，应按招聘方的要求来组织介绍材料，围绕中心说话。假如招聘单位对应聘人的工作能力和工作经验很重视，那么，求职者就得从自己的工作能力及经验出发做详细的叙述，整个介绍都是以这个重点为中心。

3.让事实讲话

在自我介绍中，要尽量避免对自己做过多的夸张，不宜用"很""第一""最"等表示极端的词来赞美自己。在面试场上，有些人为了让面试官对他留下深刻的印象，往往喜欢对自己进行过多的修饰，如"我是很懂业务的"，"我是年级成绩最好的一个"，总是带着优越的语气说话，不断地表现自己。其实，如果对自己做过多的夸耀，反而会引起面试官的反感。

谈论自己的话题，应尽可能避免一些夸大的形容词，把话讲得客观真实，尽量用实际事例去证明你所说的，来显露你的才华给面试官。

4.愉快自信

谈自己、推销自己本是很好的话题，但是许多人却在推销自己上缺乏勇气，或许是怕引起别人反感的缘故。而在平时生活中也常常听他们说："我有什么好说的。你们天天不都看见了吗？"这就使他们养成从不自我评价、自我展示的习惯，可到了要谈论自己时，免不了有些难以启齿。

范萍萍去面试，整个过程，她的声音都如蚊蝇，特别是谈到自己时，更羞于张口。后来她打电话给公司秘书，公司秘书非常为难地告诉她，面试官说，你那么小的声音，显得对自己不自信，缺乏活力，也缺乏必要的应酬能力。范萍萍拿着电话筒哭了起来。

5. 好牌留到后面出

当你有了不起的业绩，或者你有足够的资历经验能胜任这项工作时，不要在"自我介绍"中和盘托出，要给自己留一手，一开始就说出"伟大业绩"会给人自吹自擂的感觉，引起考官反感，留在后面说，会给人以谦虚诚实的印象，使面试官对你刮目相看。

最后要注意的是，我们必须学会"瞬间展示法"，因为现在许多企业特别是外资企业和合资企业，都喜欢采用"一分钟录像"的办法来选择人才。所谓一分钟录像，就是只给应聘者一分钟的时间，让他们利用短暂的时间来介绍自己，同时录像，然后拿给招聘者观看。

如果招聘单位使用"一分钟录像"的方法录用人员，那么求职者在一分钟的时间里，如何充分地表现，如何更多、更好地让对方了解自己，便成了求职成功的关键所在。因而，要求应聘者必须在短短的一分钟内，最有效、最充分而又最简洁地表现自己，从而获得求职成功。这种策略称为"瞬间展示法"。

"瞬间展示"法的求职技巧主要包括以下两个方面：

其一，精选一分钟录像内容。由于是一分钟，时间很短，因此说话内容不宜太多、太繁杂，着重讲好以下几个方面即可：

自己的简历、家庭状况；

自己的专业、主修的课程；

所曾担任过的社会工作；

对自己未来工作的简单设想；

应聘的态度；

自己的抱负和理想。

其二，一分钟内注意的事项：

在服装方面要着意打扮一下，衣着整洁，将会给人一种美的感觉，也是社交活动所必备的。

切忌蓬头散发，不修边幅。

镇定自如，不要紧张。

礼仪周全。开始时，先要说声"你好"，然后再做自我介绍，最后不要忘了说声："谢谢！"

内容要简单精练。

说话声音要高低适中，吐字发音要清楚。

在做自我介绍时，有一些应聘者常犯的毛病在这里特别强调，希望大家注意：

1."我"字连篇

千万不要以为"自我介绍"最重要的字是"我"字。当面试官说："谈谈你自己吧！"一名应试者十分巧妙地回答："您想知道我个人的生活，还是与这份工作有关的问题？"他把应该用"我"字打头的话，变成"您"字打头。

老把"我"挂在嘴边的人，易使人反感，受人轻视，被认为是强迫性的自我推销。所以，要经常注意把"我"字变成"您"字。"您以为如何呢？""您可能会惊讶吧？""您一定觉得好笑。""您说呢？"把"自我介绍"变成一场你与面试官之间的谈话。

2. 空泛无物

许多人往往急于介绍自己、推销自己，却因为讲话空泛无物，而引起面试考官的不满。

吴小京去某报社应聘业务主管，主持面试的负责人问他："你日常的兴趣是什么？"他说是爱看书。主试官问："你爱看什么书。"吴小京回答说:"爱读西方经济学著作。"主试官又问:"主要是哪些著作?"吴小京搜肠刮肚偏偏一部著作也想不起。其实他的确读了一些,只是时间太长了,近日根本没有摸过这类书,一时想不起书的名字。吴小京满以为可以把自己塑造成爱读书、学识渊博,有能力胜任主管工作的人,但由于介绍不"畅",反而给主考官留下了爱吹牛皮的嫌疑。面试结果,他没有收到录取通知书。

3. 说话不留后路

自我介绍最忌吹嘘,夸海口。大话一旦被拆穿,面试很难再进行下去。

小张去面试一家国际旅游公司的导游,他自我介绍说:"我这个人喜欢旅游,熟悉名胜古迹,全国的大城市几乎都去过。"面试官很感兴趣,就问:"你去过杭州吗?"因为面试官是杭州人,很熟悉自己的家乡。可惜小张偏偏没去过杭州,心想若说没去过这么有名的城市,刚才那句话不是瞎吹吗?于是硬着头皮说:"去过!"面试官又问:"你住在哪家宾馆?"小张再也答不上来,只好支吾说:"那时没有钱,只好住小旅馆。"面试官又说:"杭州的名小吃你一定品尝过?"小张照样说:"那时没有钱,就一心看风景,没有去吃小吃。"面试官偏偏只问关于杭州的事,小张语无伦次,东拉西扯,答非所问,最后终于不能自圆其说,谎言被当场识破,主考官十分反感,面试一败涂地。

第四节　谨慎回答离开"老东家"的原因

对你的前任上司切不可妄加评论，要知道现在招聘你的考官可能就是你未来的上司，既然你可以在他面前说过去的上司不好，难保你今后不在上司面前对他说三道四。

"你为什么离开前职？"主考官其实心里有数，知道许多人是因为讨厌上司而辞职不干的；他们自己也可能因为同一原因换过几次工作。但是没有雇主喜欢听这种话。

惠普公司的副总裁麦克·李弗尔说："我想不通为什么有些人希望我录用他，却又去谈他和上司有冲突。那等于拉起了警报。"

你为什么要换工作？对于这个问题，主考官希望听到的是审慎的自我分析。洛杉矶的招募员霍华德·尼奇克告诫说："不要说：'我想试一试另一份工作。'我听了会这么想：'此人自己的方向都没搞清楚。'"你应该说，以你的能力、个性和志向，做这新工作更适合，或者说，你想"添加"一些能助你取得更大成就的新经验。

例如："在原公司销售科工作了两年后，我学到了许多有关营销方面的知识。现在，我想学点别的"，或者"现在，我想学点新东西，而贵公司是我最中意的"。不过，要是你确实因与老板发生冲突而被解聘，那么，你最好主动把事情原委告诉他们，而不要让他们先来质问你。话要说得既明确又有艺术性。例如："在管理形式方面，我和原公司的一位新金融主管存在着分歧。不过，我们双方都对此表示理解。"

有很多敏感原因不可以随便说，必须考虑周全。

对你的前任上司切不可妄加评论，要知道现在招聘你的考官可能就是你未来的上司，既然你可以在他面前说过去的上司不好，难保你今后不在上司面前对他说三道四。一个人要在社会中生存，就得与各色各样的人打交道，挑剔上司说明你对工作缺乏适应性。

关于领导层频频换人给你的工作带来了不便这样的原因，也不可直接脱口而出。工作时间，你只管做自己的事，领导层中的变动与你的工作应该是没有直接关系的。你对此过于敏感，也表现了你的不成熟和个人角色的不明确。

如果你是因为前单位薪水太低并如实相告，面试考官一定认为你是单纯地为了收入，而且太计较个人得失，并且会在心里说："如果有更高收入的单位，你肯定会毫不犹豫地跳槽而去的。"这种理念一旦形成，考官就可能对你失去兴趣。

刘翔原在一家效益较差的企业搞宣传工作，到现在的单位应聘时，考官便问他："你是不是觉得原来收入太少，才跳槽过来的？"刘翔说："在原单位我的工资还算高的，关键我学的是财会专业，又有会计师职称，来应聘会计职位是最适合不过的了。"

在回答这类问题的时候，求职者既要表明你对原单位的薪金不满，又要表明这并不是你离开原单位的主要原因。这样既有利于你在新单位获得更高的薪金，又让面试考官觉得你并非只是因为薪金问题才离职的。

"你能否描述一下你离开以前所供职单位的原因？"这类问题在面试时经常会被问及，面试官能从中获得很多关于你的信息。因此，你在回答这个问题时应该谨慎思索。

　　像"大锅饭"阻碍了自身的发挥、上班路途太远、专业不对口、结婚、生病等人们都可以理解的因素，可以作为你回答的内容，这些因素跟你个人品质并无很大的关系，也容易让主考官接受。